「ビットパズル」

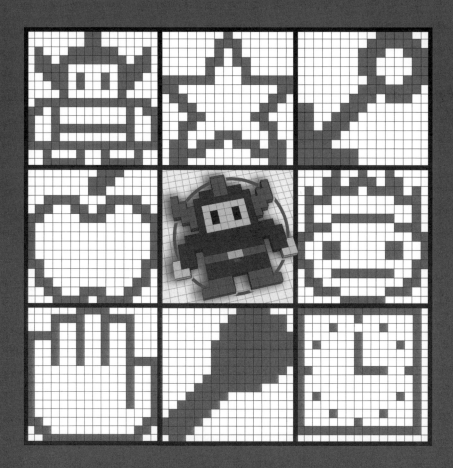

はじめに

　本書の「ビット・パズル」のアイデアは、「白黒2色」の「GIFファイル」のデータが、「2進数」の「1ビット」(bit)ずつで保存できるのを見て思いつきました。

　「画像データ」は、コンピュータが「プログラム」で「スクリーン」に描画します。
　その「画像データ」を見て、「人間」が解読し、「紙」に「ドット絵」を描いたら面白いのではないか、と考えました。

　さらに、「解読」することで、「2進数」「8進数」「10進数」「16進数」「ランレングス圧縮」の「ビット演算」の知識が深まればいいと思いました。

　最近の「プログラミング言語」の本では、「ビット演算」の解説を省略していることも多く、この機会に「ビット演算」の知識を身につけていただければと思います。

*

　本書は、プログラミングの入門書としては限定的すぎるかもしれません。

　「プログラム」や「数値」の羅列だけではつまらないでしょう。
　そこで、"パズル的な要素"として、シンプルな「ドット絵」だけを取り入れました。

　このように、「パズル・ゲーム」をしながらプログラミングを学ぶことができる入門書は、少なかったのではないかと思います。

　また、「ビット演算」は、「色」を使って「CG」をプログラミングして描くときに、とても役に立つ知識だと思います。
　この知識は、ゲーム作りで、「CG」を深く扱うときに、きっと役立つはずです。

大西　武

「ビットパズル」

CONTENTS

はじめに ……………………………………………………………………… 3

序章　「ビットパズル」について ……………………………………… 7

第1章　「2進数」で「ドット絵」を描く

[1-1] 「2進数」について ……………………………………………… 12
[1-2] 「2進数」から「ドット絵」にしたサンプル …………………… 13
　column 「2進数」の数え方 ……………………………………… 15
　column ドット絵ソフトウェア「EDGE」 …………………………… 20

第2章　「8進数」で「ドット絵」を描く

[2-1] 「8進数」について ……………………………………………… 22
[2-2] 「8進数」から「ドット絵」にしたサンプル …………………… 23
　column 「3ビット」と「8ビット」 ………………………………… 24
　column 各進数の「英語表記」や「由来」 …………………………… 25
　column 3Dドット絵ソフトウェア「MagicaVoxel」 ………………… 66

第3章　「16進数」で「ドット絵」を描く

[3-1] 「16進数」について …………………………………………… 68
[3-2] 「16進数」から「ドット絵」にしたサンプル ………………… 69
　column Webページの色は「#ffffff」 …………………………… 71
　column 2Dペイントツール「Paint.NET」 ………………………… 112

第4章　「10進数」で「ドット絵」を描く

[4-1] 「10進数」について …………………………………………… 114
[4-2] 「10進数」から「ドット絵」にしたサンプル ………………… 117
　column 「2進数」「8進数」「10進数」「16進数」の対応表 …… 119
　column 3D-CGツール「Blender」 …………………………………… 160

第5章　「ランレングス法」で「ドット絵」を描く

[5-1] 「ランレングス圧縮」について ………………………………… 162
[5-2] 「ランレングス圧縮」から「ドット絵」にしたサンプル …… 163
　column 「ランレングス圧縮率」 …………………………………… 165
　column 3D-CGツール「お手本モデラー」 ………………………… 206

索引 ………………………………………………………………………… 207

●各製品名は、一般的に各社の登録商標または商標ですが、®およびTMは省略しています。

序章

「ビットパズル」について

> この章では、「2進数」の「0」と「1」を、ドットの「□」と「■」に置き換えて、「ドット絵」を塗る「ビットパズル」について解説します。
>
> 単に「2進数」だけではなく、「8進数」「16進数」「10進数」などを変換するだけでなく、「ランレングス圧縮」(Run Length Encoding)したデータも解凍して「2進数」に変換します。

■「ビットパズル」とは

「ビットパズル」とは、「ビット(bit)」をドット絵の「ドット」に置き換えて、「□」か「■」を塗る"「塗り絵」のような「パズル・ゲーム」"です。

「1ビット」は、「2進数」で「0」か「1」です。
「0」は「□」でドットを空白のままにして、「1」は「■」でドットを塗りつぶします。

*

「2進数」を見てドット絵を描くと、たとえば図1のように、ロケットのようなドット絵になります。

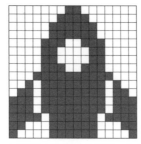

図1 「ビットパズル」が完成した「ロケット」のドット絵

序章　「ビットパズル」について

　最初は、**第1章**で「2進数」からはじめます。
　続いて、**第2章**では「8進数」を、**第3章**では「16進数」を、**第4章**では「10進数」を、**第5章**では「ランレングス圧縮データ」を「2進数」に変換して、ドット絵を描きます。

■ 問題の解き方

　本書では、「2進数」「8進数」「16進数」「10進数」「ランレングス法」のそれぞれで問題を出していきます。

　たとえば、基本となる「2進数」は、「2」を基数として、「0」と「1」だけで表現した数値のことをいいます。
　この場合、以下のように「2進数」をドット絵にします。

表1　「2進数」とドット絵のサンプル「A」

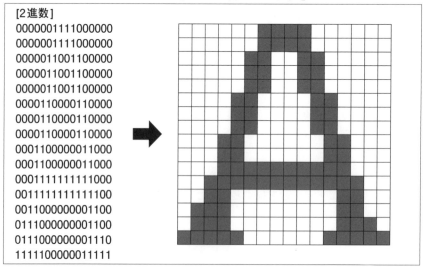

　第2章以降の「8進数」「16進数」「10進数」「ランレングス法」からは、ドット絵にするために一度、「2進数」に変換する必要があります。

詳しい変換の方法は、各章で解説しますが、たとえば「8進数」の場合は、以下のようになります。

表2　「8進数」と「2進数」とドット絵のサンプル「卍」

[8進数]	[2進数]
17700	001 111 111 000 000
17700	001 111 111 000 000
17707	001 111 111 000 111
00707	000 000 111 000 111
00707	000 000 111 000 111
00707	000 000 111 000 111
77777	111 111 111 111 111
77777	111 111 111 111 111
77777	111 111 111 111 111
70700	111 000 111 000 000
70700	111 000 111 000 000
70700	111 000 111 000 000
70774	111 000 111 111 100
00774	000 000 111 111 100
00774	000 000 111 111 100

※他は縦横「16x16ドット」ですが、「8進数」のみ縦横「15×15ドット」です。

　また、**第5章**では、「ランレングス法」という「連続する文字の数」を数えて、「数」を表記する圧縮方法が出てきます。

序章 「ビットパズル」について

たとえば、以下のような問題があります。

表3 「ランレングス圧縮データ」と「2進数」とドット絵のサンプル「？」

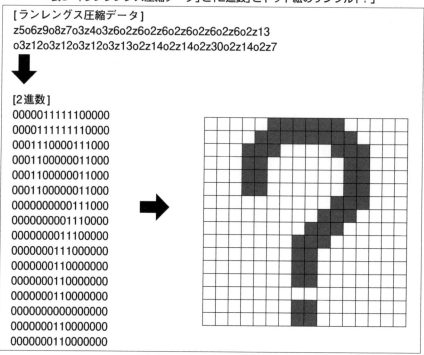

一見、難しく見えますが、方法さえ分かれば、簡単に「2進数」に解凍できます。

＊

こうすることで、楽しみながらビットを使った計算である「ビット演算」に慣れることができると思います。

第1章

「2進数」で「ドット絵」を描く

この章では、「2進数」の「0」と「1」の数をもとに、「ドット」を"空白"か"塗る"かをするドット絵を描きます。
鉛筆などを使ってドットを塗る、塗り絵のようなパズルゲームです。

第1章 「2進数」で「ドット絵」を描く

1-1 「2進数」について

この節では、「2進数」について解説します。
「2進数」は、「0」と「1」だけで構成されています。
また、「2進数」と「ドット絵」の対応表を表わします。

■「2進数」とは

「2進数」とは、「0」と「1」だけで数を表わす表記法です。
「0」が「無」で、「1」が「有」。2つの数字で表わすので、「2進数」です。

コンピュータは「ビット(bit)」は、「2進数」で処理します。
たとえば、「0101」なら「4ビット」です。

たいてい、「10010010」のように、まとめて「8ビット」ごとで表わすことが多いです。
なぜなら、「8ビット」は「1バイト(Byte)」だからです。

■「2進数」と「ドット絵」の対応表

本書では、「2進数」と「ドット絵」を、以下の**表1-1**のように対応させます。
「0」が何も塗らない空白の「□」で、「1」が黒色で塗りつぶす「■」です。

「2進数」を「ドット絵」に対応させる、というのは筆者が独自に決めたルールですが、「白黒2色」のアイコンなどは、これに近いデータ構造になっていると思います。

表1-1 「2進数」と「ドット絵」の対応表

2進数	ドット絵	2進数	ドット絵
0000	□□□□	1000	■□□□
0001	□□□■	1001	■□□■
0010	□□■□	1010	■□■□
0011	□□■■	1011	■□■■
0100	□■□□	1100	■■□□
0101	□■□■	1101	■■□■
0110	□■■□	1110	■■■□
0111	□■■■	1111	■■■■

1-2 「2進数」から「ドット絵」にしたサンプル

この節では、「2進数」から「横16×縦16」のドット絵にしたサンプルをお見せします。

要するに、空っぽのマス目に「ドット絵」を塗るパズルゲームです。

この節を参考に、問題を解いていきましょう。

■ サンプル

たとえば、次の**表1-2**は「2進数」を「16×16ドット」のドット絵にしたサンプルです。

アルファベットの「A」の文字に似せたドット絵です。

このように、問題は「記号」や「文字」や「図形」など、何らかの意味のある形をしています。

表1-2 「2進数」と「ドット絵」のサンプル

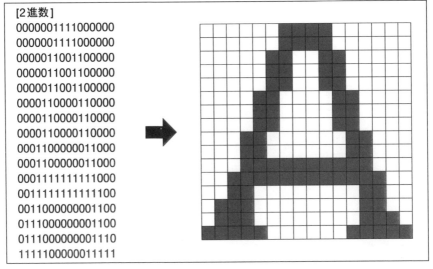

[2進数]
0000001111000000
0000001111000000
0000011001100000
0000011001100000
0000011001100000
0000110000110000
0000110000110000
0000110000110000
0001100000011000
0001100000011000
0001111111111000
0011111111111100
0011000000001100
0111000000001100
0111000000001110
1111100000011111

＊

それでは、「2進数」を「ドット絵」にする問題を、2問出題します。

鉛筆やシャープペンシルで書けば、間違っても消しゴムで消せます。

第1章 「2進数」で「ドット絵」を描く

　「2進数」の「0」と「1」は、ドット絵の「□」と「■」に1対1で対応するので、見たままですね。
　問題となる「進数」と一緒に、対応表を入れてあります。
　対応表を見ながら、問題を解いてみてください。

　次の章からは、「8進数」や「10進数」「16進数」などを「2進数」に変換して考えなければならないので、もっと頭を使います。

＊

　ではさっそく、「16×16」の空っぽのマス目に、「ドット絵」の塗り絵をはじめましょう！

【1-2】「2進数」から「ドット絵」にしたサンプル

Column 「2進数」の数え方

2進数の数え方は以下のような順番になっています。

2進数	ドット絵
0000	□□□□
0001	□□□■

1桁目が「0」「1」です。

| 0010 | □□■□ |
| 0011 | □□■■ |

2桁目が「1」になって、1桁目が「0」「1」です。

| 0100 | □■□□ |
| 0101 | □■□■ |

3桁目が「1」になって、1桁目が「0」「1」です。

| 0110 | □■■□ |
| 0111 | □■■■ |

2桁目と3桁目が「1」になって、1桁目が「0」「1」です。

| 1000 | ■□□□ |
| 1001 | ■□□■ |

4桁目が「1」になって、1桁目が「0」「1」です。

| 1010 | ■□■□ |
| 1011 | ■□■■ |

2桁目と4桁目が「1」になって、1桁目が「0」「1」です。

| 1100 | ■■□□ |
| 1101 | ■■□■ |

3桁目と4桁目が「1」になって、1桁目が「0」「1」です。

| 1110 | ■■■□ |
| 1111 | ■■■■ |

2桁目と3桁目と4桁目が「1」になって、1桁目が「0」「1」です。

これ以降も1桁ずつ増やして数えていきます。

第1章　「2進数」で「ドット絵」を描く

■問1-1　「○」

「2進数」を並べて、「○」を描く。

0000000110000000
0000011111100000
0001111001111000
0011100000011100
0011000000001100
0110000000000110
0110000000000110
1100000000000011
1100000000000011
0110000000000110
0110000000000110
0011000000001100
0011100000011100
0001111001111000
0000011111100000
0000000110000000

2進数	ドット絵
0000	□□□□
0001	□□□■
0010	□□■□
0011	□□■■
0100	□■□□
0101	□■□■
0110	□■■□
0111	□■■■
1000	■□□□
1001	■□□■
1010	■□■□
1011	■□■■
1100	■■□□
1101	■■□■
1110	■■■□
1111	■■■■

■問1-2　「♬」

「2進数」を並べて、「♬」を描く。

0000111111111111
0000111111111111
0001000000000001
0000111111111111
0000111111111111
0001000000000001
0001000000000001
0001000000000001
0001000000000001
0001000000000001
0001000000000001
0001000000000001
0011100000000111
0111100000001111
1111000000011110
0110000000001100

2進数	ドット絵
0000	□□□□
0001	□□□■
0010	□□■□
0011	□□■■
0100	□■□□
0101	□■□■
0110	□■■□
0111	□■■■
1000	■□□□
1001	■□□■
1010	■□■□
1011	■□■■
1100	■■□□
1101	■■□■
1110	■■■□
1111	■■■■

【1-2】「2進数」から「ドット絵」にしたサンプル

「O」

「月」

2進数

第1章　「2進数」で「ドット絵」を描く

2進数

表　「2進数」と「ドット絵」の対応表

2進数	ドット絵
0000	□□□□
0001	□□□■
0010	□□■□
0011	□□■■
0100	□■□□
0101	□■□■
0110	□■■□
0111	□■■■
1000	■□□□
1001	■□□■
1010	■□■□
1011	■□■■
1100	■■□□
1101	■■□■
1110	■■■□
1111	■■■■

上記の表に倣って、「2進数」を「ドット絵」にしています。

[1-2] 「2進数」から「ドット絵」にしたサンプル

■問1-1の答 「○」

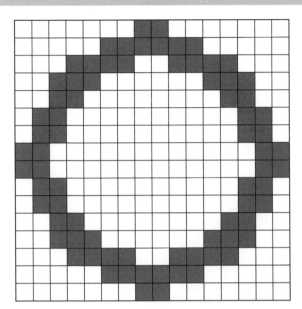

■問1-2の答 「♬」

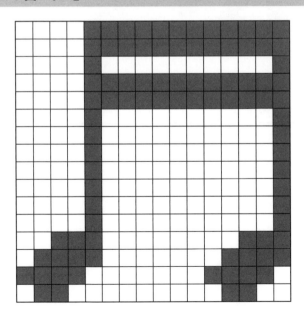

第1章 「2進数」で「ドット絵」を描く

> **Column** ドット絵ソフトウェア「EDGE」
>
> 「ドット」を塗る「ドット絵」はファミコンの頃からありますが、最近のゲームではあまり見かけなくなりました。
>
> やはり、3Dによる高度で綺麗な絵が主流になったからでしょう。
>
> 「ドット絵」を作る専用ツールで、「EDGE」というソフトウェアがあります。
>
> http://takabosoft.com/edge
>
>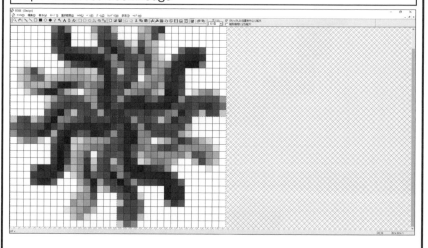
>
> 本書では、「白黒」のドット絵ですが、普通は「カラー」のドット絵を描いたほうがいいでしょう。

「8進数」で「ドット絵」を描く

この章では、「8進数」の「0〜7」をもとに「2進数」に変換し、ドットを塗るか塗らないかで「ドット絵」を描きます。

第2章 「8進数」で「ドット絵」を描く

2-1　「8進数」について

この節では、「8進数」について解説します。
「8進数」は、「0」〜「7」の8つの数で構成されています。
また、「8進数」と「2進数」と「ドット絵」の対応表を表示します。

■「8進数」とは

「8進数」とは、「0」「1」「2」「3」「4」「5」「6」「7」の8つの数字で数を表わす表記法です。
8つの数字で表わすので、「8進数」です。

コンピュータは、「10010010」のように「8ビット」ごとに表わすことが多いです。
しかし、「8進数」の1桁では、「2進数」にしてたとえば、「101」のように「3ビット」になります。

■「8進数」と「2進数」と「ドット絵」の対応表

本書では、「8進数」と「2進数」と「ドット絵」を、次の表2-1のように対応させます。

「0」が何も塗らない空白の「□」で、「1」が黒色で塗りつぶす「■」です。
「2進数」を「ドット絵」に対応させるのは、筆者が勝手に作ったルールですが、「白黒2色」のアイコンなどは、これに近いデータ構造になっているはずです。

表2-1　「8進数」と「2進数」と「ドット絵」の対応表

2進数	8進数	ドット絵
000	0	□□□
001	1	□□■
010	2	□■□
011	3	□■■
100	4	■□□
101	5	■□■
110	6	■■□
111	7	■■■

2-2 「8進数」から「ドット絵」にしたサンプル

この節では、「8進数」を「2進数」に変換してから、「15×15」のドット絵にしたサンプルをお見せします。

この節を参考に、問題を解いていきましょう。

■ サンプル

たとえば、次の表2-2は、「8進数」を「横15×縦15ドット」のドット絵にしたサンプルです。
記号の「卍」の文字に似せたドット絵です。

こんな感じで、すべての問題は「記号」や「文字」「図形」など、何かの意味のある形にしています。

表2-2 「8進数」と「2進数」と「ドット絵」のサンプル

[8進数]	[2進数]
17700	001 111 111 000 000
17700	001 111 111 000 000
17707	001 111 111 000 111
00707	000 000 111 000 111
00707	000 000 111 000 111
00707	000 000 111 000 111
77777	111 111 111 111 111
77777	111 111 111 111 111
77777	111 111 111 111 111
70700	111 000 111 000 000
70700	111 000 111 000 000
70700	111 000 111 000 000
70774	111 000 111 111 100
00774	000 000 111 111 100
00774	000 000 111 111 100

*

第2章　「8進数」で「ドット絵」を描く

　それでは、「8進数」を「2進数」に変換して、「ドット絵」にする問題を20問出題します。

　「鉛筆」や「シャープペンシル」で書けば、間違っても「消しゴム」で消せます。

　第1章と違って、「8進数」のままでは「ドット絵」が分からないので、うまく「2進数」に変換する必要があります。

　問題の後に答も見ていくので、何問か解いているうちに、「8進数」と「2進数」の関係を覚えられると思います。

　問題となる「進数」と一緒に、対応表を入れてあります。
　対応表を見ながら、問題を解いてみてください。

　ではさっそく、「15x15」の空っぽのマス目に「ドット絵」の塗り絵をはじめましょう！

Column　「3ビット」と「8ビット」

　「16進数」は、1桁で「4ビット」を表わします。2桁で「8ビット」です。
　現代では、「8ビット機」「16ビット機」「32ビット機」「64ビット機」などと、ビット数が8の倍数のパソコンが主流なため、「16進数」がよく使われています。

　「8進数」は、1桁で「3ビット」を表わします。
　ところが、昔は「12ビット機」「18ビット機」「36ビット機」など、ビット数が3の倍数のパソコンの方が主流だったので、「8進数」が主に使われていました。

　そういうわけで、現在ではコンピュータで数を数えるとき、「8進数」より「16進数」や「10進数」の方が主に使われるようになったのです。

[2-2] 「8進数」から「ドット絵」にしたサンプル

Column 各進数の「英語表記」や「由来」

　「英語」で各進数を表記すると、
「2進数」は「binary（バイナリ）」、
「8進数」は「octal（オクタル）」、
「10進数」は「decimal（デシマル）」、
「16進数」は「hexadecimal（ヘキサデシマル）」
と言います。

　もっと正確に書くと「number」が省略されていて、
「2進数」は「a binary number」、
「8進数」は「an octal number」、
「10進数」は「a decimal number」、
「16進数」は「a hexadecimal number」

　さらに3文字に略すと、
「2進数」は「bin（ビン）」、
「8進数」は「oct（オクト）」、
「10進数」は「dec（デック）」、
「16進数」は「hex（ヘックス）」
と言います。

　「binary」は、後期ラテン語「bīnārius（二個一組の、二つから成る）」や、ラテン語「bīnī（二ずつ）」が語源になります。

　「oct」は「octopus」――つまり、「たこ」の8本足に由来します。

　「decimal」の語源は、「decimus（10番目）」に由来します。

　「hexadecimal」は「hexa」と「decimal」の組み合わせで、「hexa」は「hexagon」、つまり「六角形」に由来し、「decimal」を足して「16」になります。

第2章 「8進数」で「ドット絵」を描く

■ 問2-1 「😊」

「8進数」を「2進数」に変換して「😊」を描く。

```
00200
01740
07770
17774
14714
34716
34716
74717
37776
33766
14014
17774
07770
01740
00200
```

「8進数」と「2進数」と「ドット絵」の対応表

2進数	8進数	ドット絵
000	0	☐☐☐
001	1	☐☐■
010	2	☐■☐
011	3	☐■■
100	4	■☐☐
101	5	■☐■
110	6	■■☐
111	7	■■■

■ 問2-2 「カーソル」

「8進数」を「2進数」に変換して「カーソル」を描く。

```
60000
74000
37000
37700
17770
17740
07700
07700
07740
03160
02070
02034
00016
00007
00003
```

「8進数」と「2進数」と「ドット絵」の対応表

2進数	8進数	ドット絵
000	0	☐☐☐
001	1	☐☐■
010	2	☐■☐
011	3	☐■■
100	4	■☐☐
101	5	■☐■
110	6	■■☐
111	7	■■■

【2-2】 「8進数」から「ドット絵」にしたサンプル

「☺」

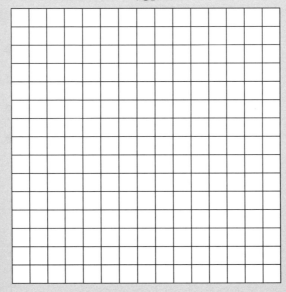

8進数

「カーソル」

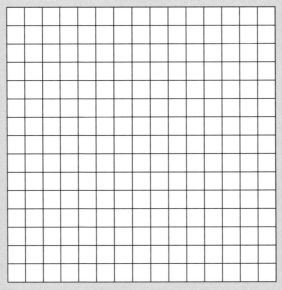

第2章 「8進数」で「ドット絵」を描く

「8進数」と「2進数」と「ドット絵」の対応表

2進数	8進数	ドット絵
000	0	□□□
001	1	□□■
010	2	□■□
011	3	□■■
100	4	■□□
101	5	■□■
110	6	■■□
111	7	■■■

上記の表を使って、「8進数」を「2進数」に変換しています。

[2-2] 「8進数」から「ドット絵」にしたサンプル

■問2-1の答 「😀」

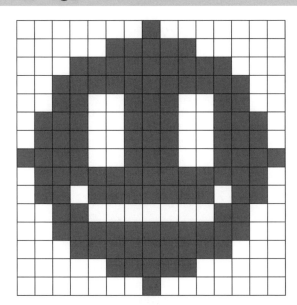

■問2-2の答 「カーソル」

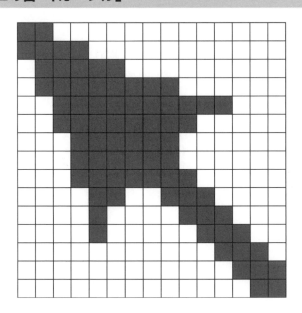

8進数

第2章 「8進数」で「ドット絵」を描く

■ 問2-3 「あ」

「8進数」を「2進数」に変換して「あ」を描く。

```
00400
00400
37770
00400
00420
00420
07770
34434
60426
40463
40641
40341
61603
33306
16114
```

「8進数」と「2進数」と「ドット絵」の対応表

2進数	8進数	ドット絵
000	0	□□□
001	1	□□■
010	2	□■□
011	3	□■■
100	4	■□□
101	5	■□■
110	6	■■□
111	7	■■■

■ 問2-4 「家」

「8進数」を「2進数」に変換して「家」を描く。

```
00200
00700
01740
03760
07770
17774
37776
77777
10004
10704
10704
10704
10704
10704
17774
```

「8進数」と「2進数」と「ドット絵」の対応表

2進数	8進数	ドット絵
000	0	□□□
001	1	□□■
010	2	□■□
011	3	□■■
100	4	■□□
101	5	■□■
110	6	■■□
111	7	■■■

【2-2】 「8進数」から「ドット絵」にしたサンプル

「あ」

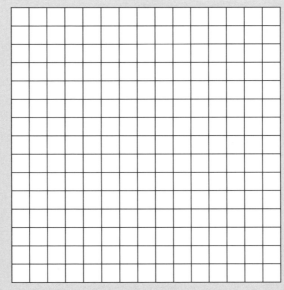

8進数

「家」

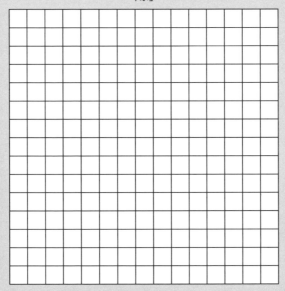

第2章 「8進数」で「ドット絵」を描く

「8進数」と「2進数」と「ドット絵」の対応表

2進数	8進数	ドット絵
000	0	□□□
001	1	□□■
010	2	□■□
011	3	□■■
100	4	■□□
101	5	■□■
110	6	■■□
111	7	■■■

上記の表を使って、「8進数」を「2進数」に変換しています。

[2-2] 「8進数」から「ドット絵」にしたサンプル

■ 問2-3の答 「あ」

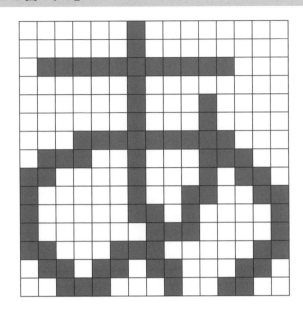

■ 問2-4の答 「家」

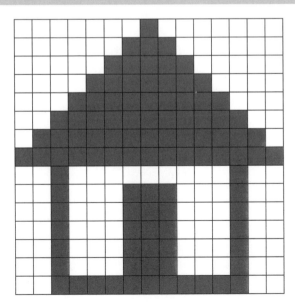

8進数

第2章　「8進数」で「ドット絵」を描く

■ 問2-5　「☆」

「8進数」を「2進数」に変換して「☆」を描く。

```
00200
00700
00500
01540
01040
77077
60003
30006
14014
06030
14014
10704
33566
36036
30006
```

「8進数」と「2進数」と「ドット絵」の対応表

2進数	8進数	ドット絵
000	0	□□□
001	1	□□■
010	2	□■□
011	3	□■■
100	4	■□□
101	5	■□■
110	6	■■□
111	7	■■■

■ 問2-6　「ハサミ」

「8進数」を「2進数」に変換して「ハサミ」を描く。

```
40001
60003
30006
34016
36034
17074
07570
03760
00700
03560
17574
31046
21042
27062
36036
```

「8進数」と「2進数」と「ドット絵」の対応表

2進数	8進数	ドット絵
000	0	□□□
001	1	□□■
010	2	□■□
011	3	□■■
100	4	■□□
101	5	■□■
110	6	■■□
111	7	■■■

【2-2】「8進数」から「ドット絵」にしたサンプル

「星」

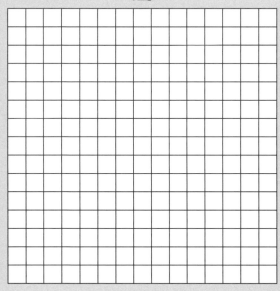

「ハサミ」

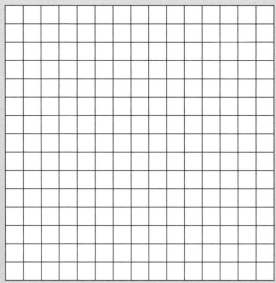

第2章 「8進数」で「ドット絵」を描く

「8進数」と「2進数」と「ドット絵」の対応表

2進数	8進数	ドット絵
000	0	□□□
001	1	□□■
010	2	□■□
011	3	□■■
100	4	■□□
101	5	■□■
110	6	■■□
111	7	■■■

上記の表を使って、「8進数」を「2進数」に変換しています。

[2-2] 「8進数」から「ドット絵」にしたサンプル

■ 問2-5の答 「星」

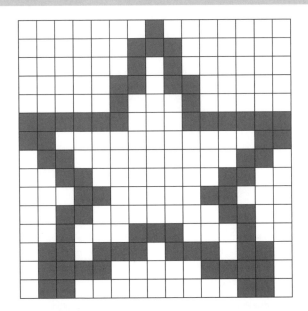

■ 問2-6の答 「ハサミ」

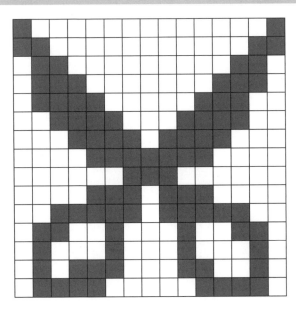

第2章 「8進数」で「ドット絵」を描く

■問2-7 「カプセル」

「8進数」を「2進数」に変換して「カプセル」を描く。

```
00076
00343
00601
01401
03001
07003
17402
37606
37714
77770
77760
77740
77700
77600
37000
```

「8進数」と「2進数」と「ドット絵」の対応表

2進数	8進数	ドット絵
000	0	□□□
001	1	□□■
010	2	□■□
011	3	□■■
100	4	■□□
101	5	■□■
110	6	■■□
111	7	■■■

■問2-8 「マウス」

「8進数」を「2進数」に変換して「マウス」を描く。

```
01740
07270
14214
10204
10204
30206
20202
37776
20002
20002
20002
30006
14014
07070
01740
```

「8進数」と「2進数」と「ドット絵」の対応表

2進数	8進数	ドット絵
000	0	□□□
001	1	□□■
010	2	□■□
011	3	□■■
100	4	■□□
101	5	■□■
110	6	■■□
111	7	■■■

[2-2] 「8進数」から「ドット絵」にしたサンプル

「カプセル」

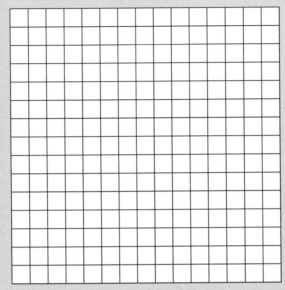

8進数

「マウス」

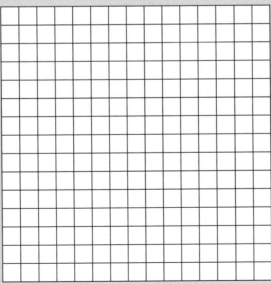

第2章　「8進数」で「ドット絵」を描く

「8進数」と「2進数」と「ドット絵」の対応表

2進数	8進数	ドット絵
000	0	□□□
001	1	□□■
010	2	□■□
011	3	□■■
100	4	■□□
101	5	■□■
110	6	■■□
111	7	■■■

上記の表を使って、「8進数」を「2進数」に変換しています。

[2-2] 「8進数」から「ドット絵」にしたサンプル

■ 問2-7の答 「カプセル」

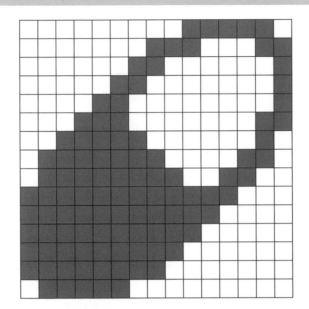

■ 問2-8の答 「マウス」

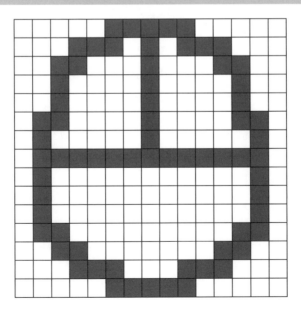

第2章 「8進数」で「ドット絵」を描く

■問2-9 「$」

「8進数」を「2進数」に変換して「$」を描く。

```
00200
03760
06230
04210
04200
06200
03200
01740
00260
00230
00210
04210
06230
03760
00200
```

「8進数」と「2進数」と「ドット絵」の対応表

2進数	8進数	ドット絵
000	0	□□□
001	1	□□■
010	2	□■□
011	3	□■■
100	4	■□□
101	5	■□■
110	6	■■□
111	7	■■■

■問2-10 「王子」

「8進数」を「2進数」に変換して「王子」を描く。

```
02220
06730
27572
34016
20002
23762
34016
60003
46031
46031
60003
23762
30006
16034
01740
```

「8進数」と「2進数」と「ドット絵」の対応表

2進数	8進数	ドット絵
000	0	□□□
001	1	□□■
010	2	□■□
011	3	□■■
100	4	■□□
101	5	■□■
110	6	■■□
111	7	■■■

【2-2】「8進数」から「ドット絵」にしたサンプル

「$」

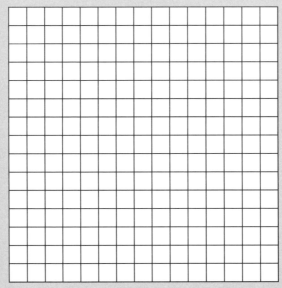

「王子」

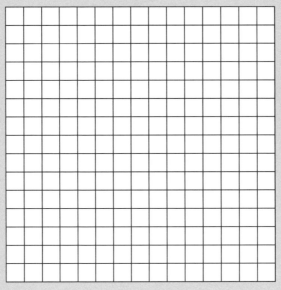

第2章 「8進数」で「ドット絵」を描く

「8進数」と「2進数」と「ドット絵」の対応表

2進数	8進数	ドット絵
000	0	□□□
001	1	□□■
010	2	□■□
011	3	□■■
100	4	■□□
101	5	■□■
110	6	■■□
111	7	■■■

上記の表を使って、「8進数」を「2進数」に変換しています。

[2-2] 「8進数」から「ドット絵」にしたサンプル

■ 問2-9の答「$」

■ 問2-10の答「王子」

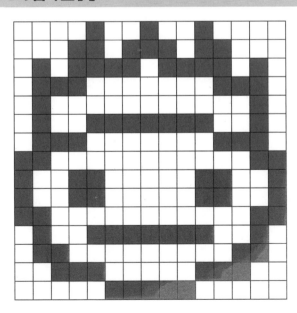

8進数

第2章 「8進数」で「ドット絵」を描く

■問2-11 「↑」

「8進数」を「2進数」に変換して「↑」を描く。

```
00200
00700
01540
03060
06030
14014
37076
01040
01040
01040
01040
01040
01040
01040
01740
```

「8進数」と「2進数」と「ドット絵」の対応表

2進数	8進数	ドット絵
000	0	□□□
001	1	□□■
010	2	□■□
011	3	□■■
100	4	■□□
101	5	■□■
110	6	■■□
111	7	■■■

■問2-12 「カ」

「8進数」を「2進数」に変換して「カ」を描く。

```
01400
01400
01400
17774
17774
01414
03414
03014
03014
03014
06034
06330
16370
34170
30060
```

「8進数」と「2進数」と「ドット絵」の対応表

2進数	8進数	ドット絵
000	0	□□□
001	1	□□■
010	2	□■□
011	3	□■■
100	4	■□□
101	5	■□■
110	6	■■□
111	7	■■■

【2-2】「8進数」から「ドット絵」にしたサンプル

「↑」

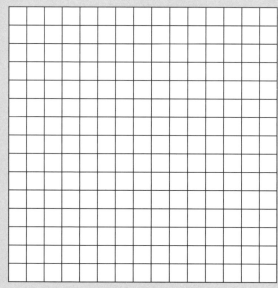

「カ」

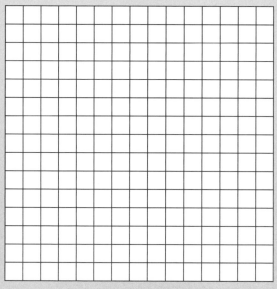

第2章 「8進数」で「ドット絵」を描く

「8進数」と「2進数」と「ドット絵」の対応表

2進数	8進数	ドット絵
000	0	□□□
001	1	□□■
010	2	□■□
011	3	□■■
100	4	■□□
101	5	■□■
110	6	■■□
111	7	■■■

上記の表を使って、「8進数」を「2進数」に変換しています。

【2-2】 「8進数」から「ドット絵」にしたサンプル

■ 問2-11の答　「↑」

■ 問2-12の答　「カ」

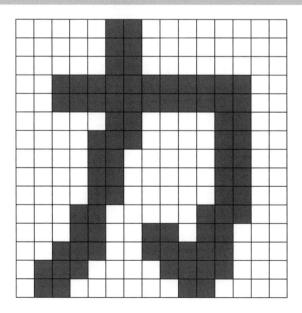

第2章 「8進数」で「ドット絵」を描く

■ 問2-13 「♪」

「8進数」を「2進数」に変換して「♪」を描く。

```
00200
00300
00340
00260
00230
00210
00210
00230
00260
00240
01600
03600
07600
07400
07000
```

「8進数」と「2進数」と「ドット絵」の対応表

2進数	8進数	ドット絵
000	0	□□□
001	1	□□■
010	2	□■□
011	3	□■■
100	4	■□□
101	5	■□■
110	6	■■□
111	7	■■■

■ 問2-14 「リンゴ」

「8進数」を「2進数」に変換して「リンゴ」を描く。

```
00160
00340
00300
17074
31546
60703
40001
40001
40001
40001
60003
20002
30006
14714
07570
```

「8進数」と「2進数」と「ドット絵」の対応表

2進数	8進数	ドット絵
000	0	□□□
001	1	□□■
010	2	□■□
011	3	□■■
100	4	■□□
101	5	■□■
110	6	■■□
111	7	■■■

【2-2】「8進数」から「ドット絵」にしたサンプル

「♪」

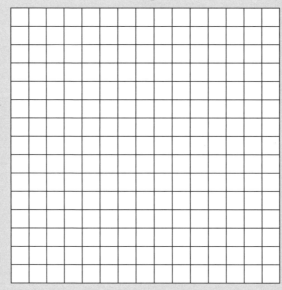

8進数

「リンゴ」

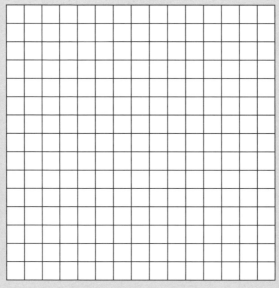

第2章 「8進数」で「ドット絵」を描く

「8進数」と「2進数」と「ドット絵」の対応表

2進数	8進数	ドット絵
000	0	□□□
001	1	□□■
010	2	□■□
011	3	□■■
100	4	■□□
101	5	■□■
110	6	■■□
111	7	■■■

上記の表を使って、「8進数」を「2進数」に変換しています。

【2-2】 「8進数」から「ドット絵」にしたサンプル

■ 問2-13の答 「♪」

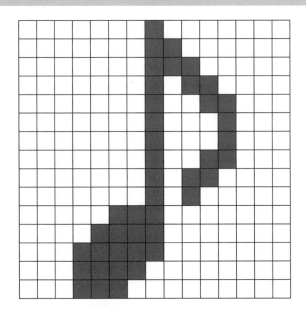

■ 問2-14の答 「リンゴ」

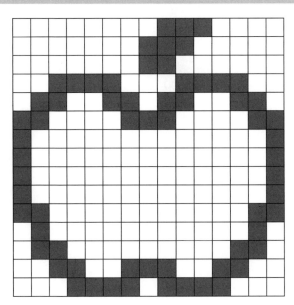

第2章　「8進数」で「ドット絵」を描く

■問2-15　「2019」

「8進数」を「2進数」に変換して「2019」を描く。

```
0 0 0 0 0
0 0 0 0 0
0 0 0 0 0
0 0 0 0 0
0 0 0 0 0
3 5 6 5 6
0 5 2 5 2
3 5 2 5 6
2 1 2 4 2
3 5 6 5 6
0 0 0 0 0
0 0 0 0 0
0 0 0 0 0
0 0 0 0 0
```

「8進数」と「2進数」と「ドット絵」の対応表

2進数	8進数	ドット絵
000	0	□□□
001	1	□□■
010	2	□■□
011	3	□■■
100	4	■□□
101	5	■□■
110	6	■■□
111	7	■■■

■問2-16　「ディスプレイ」

「8進数」を「2進数」に変換して「ディスプレイ」を描く。

```
0 0 0 0 0
0 0 0 0 0
7 7 7 7 7
4 0 0 0 1
4 0 0 0 1
4 0 0 0 1
4 0 0 0 1
4 0 0 0 1
4 0 0 0 1
4 0 0 0 1
7 7 7 7 7
0 0 5 0 0
0 1 5 4 0
0 1 0 4 0
0 3 7 6 0
```

「8進数」と「2進数」と「ドット絵」の対応表

2進数	8進数	ドット絵
000	0	□□□
001	1	□□■
010	2	□■□
011	3	□■■
100	4	■□□
101	5	■□■
110	6	■■□
111	7	■■■

【2-2】「8進数」から「ドット絵」にしたサンプル

「2019」

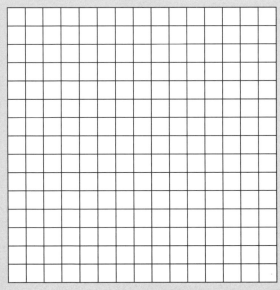

8進数

「ディスプレイ」

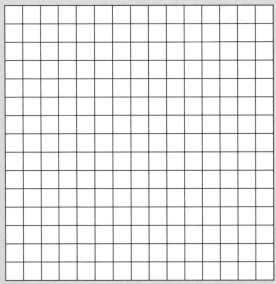

第2章 「8進数」で「ドット絵」を描く

「8進数」と「2進数」と「ドット絵」の対応表

2進数	8進数	ドット絵
000	0	□□□
001	1	□□■
010	2	□■□
011	3	□■■
100	4	■□□
101	5	■□■
110	6	■■□
111	7	■■■

上記の表を使って、「8進数」を「2進数」に変換しています。

[2-2] 「8進数」から「ドット絵」にしたサンプル

■ 問2-15の答 「2019」

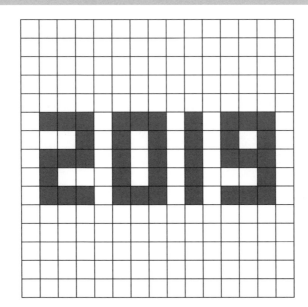

■ 問2-16の答 「ディスプレイ」

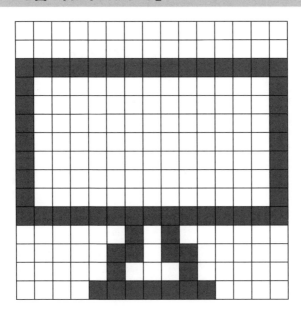

第2章 「8進数」で「ドット絵」を描く

■問2-17 「％」

「8進数」を「2進数」に変換して「％」を描く。

```
16003
33007
21016
33034
16070
00160
00340
00700
01600
03400
07034
16066
34042
70066
60034
```

「8進数」と「2進数」と「ドット絵」の対応表

2進数	8進数	ドット絵
000	0	□□□
001	1	□□■
010	2	□■□
011	3	□■■
100	4	■□□
101	5	■□■
110	6	■■□
111	7	■■■

■問2-18 「B」

「8進数」を「2進数」に変換して「B」を描く。

```
17740
17760
14070
14030
14030
14070
17760
17770
14034
14014
14014
14014
14034
17770
17760
```

「8進数」と「2進数」と「ドット絵」の対応表

2進数	8進数	ドット絵
000	0	□□□
001	1	□□■
010	2	□■□
011	3	□■■
100	4	■□□
101	5	■□■
110	6	■■□
111	7	■■■

【2-2】「8進数」から「ドット絵」にしたサンプル

「%」

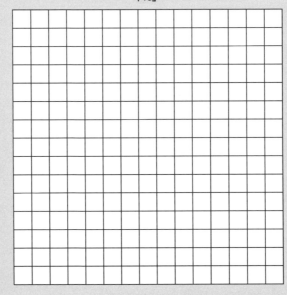

「B」

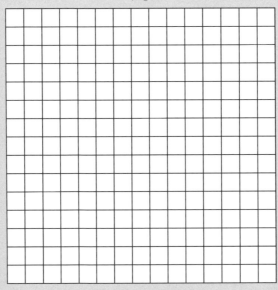

8進数

第2章　「8進数」で「ドット絵」を描く

「8進数」と「2進数」と「ドット絵」の対応表

2進数	8進数	ドット絵
000	0	□□□
001	1	□□■
010	2	□■□
011	3	□■■
100	4	■□□
101	5	■□■
110	6	■■□
111	7	■■■

上記の表を使って、「8進数」を「2進数」に変換しています。

【2-2】　「8進数」から「ドット絵」にしたサンプル

■ 問2-17の答　「%」

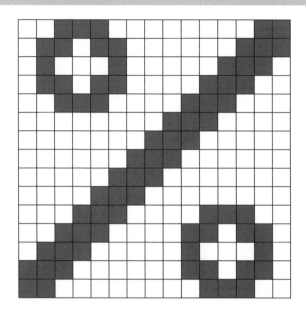

■ 問2-18の答　「B」

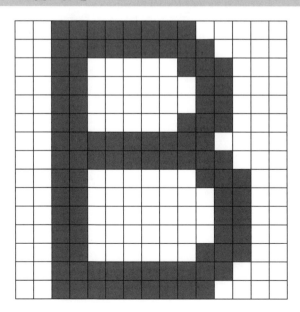

第2章 「8進数」で「ドット絵」を描く

■ 問2-19 「♂」

「8進数」を「2進数」に変換して「♂」を描く。

```
0 0 0 7 4
0 0 1 7 6
0 0 3 4 7
0 0 3 0 3
0 0 3 0 3
0 0 1 4 7
0 0 3 7 6
0 0 7 3 4
6 1 6 0 0
6 3 4 0 0
6 7 0 0 0
7 6 0 0 0
7 4 0 0 0
7 7 4 0 0
7 7 4 0 0
```

「8進数」と「2進数」と「ドット絵」の対応表

2進数	8進数	ドット絵
000	0	☐☐☐
001	1	☐☐■
010	2	☐■☐
011	3	☐■■
100	4	■☐☐
101	5	■☐■
110	6	■■☐
111	7	■■■

■ 問2-20 「さ」

「8進数」を「2進数」に変換して「さ」を描く。

```
0 6 0 0 0
0 3 0 0 0
0 1 4 7 6
3 7 7 7 6
3 7 7 0 0
0 0 1 4 0
0 0 0 6 0
0 0 0 3 0
3 0 0 1 4
3 0 0 7 4
3 0 0 3 0
1 4 0 0 0
0 6 0 0 0
0 3 7 0 0
0 1 7 0 0
```

「8進数」と「2進数」と「ドット絵」の対応表

2進数	8進数	ドット絵
000	0	☐☐☐
001	1	☐☐■
010	2	☐■☐
011	3	☐■■
100	4	■☐☐
101	5	■☐■
110	6	■■☐
111	7	■■■

【2-2】「8進数」から「ドット絵」にしたサンプル

「♂」

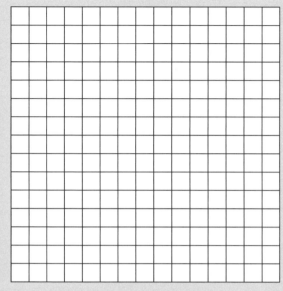

「さ」

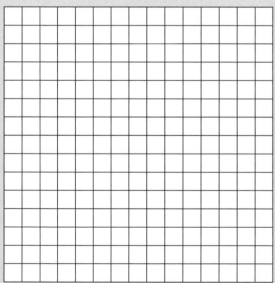

8進数

第2章 「8進数」で「ドット絵」を描く

「8進数」と「2進数」と「ドット絵」の対応表

2進数	8進数	ドット絵
000	0	□□□
001	1	□□■
010	2	□■□
011	3	□■■
100	4	■□□
101	5	■□■
110	6	■■□
111	7	■■■

上記の表を使って、「8進数」を「2進数」に変換しています。

【2-2】　「8進数」から「ドット絵」にしたサンプル

■ 問2-19の答　「♂」

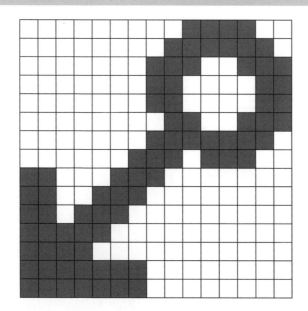

■ 問2-20の答　「さ」

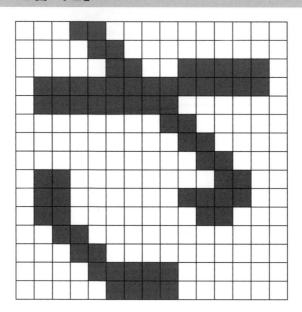

8進数

第2章 「8進数」で「ドット絵」を描く

> **Column** 3Dドット絵ソフトウェア「MagicaVoxel」
>
> 2Dのドット絵の代わりに最近見かけたのは、「3Dのドット絵」です。1ドットを1つの立方体で表わす、という描き方をします。
>
> 専用ツールとして、「MagicaVoxel」というフリーソフトが有名です。
>
> https://ephtracy.github.io/
>
> たとえば、こういう「3Dドット絵」が作れます。
>
>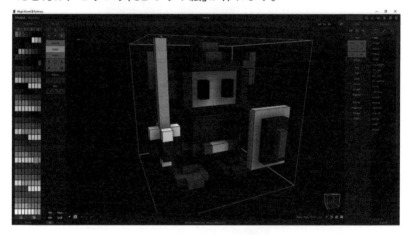
>
> 「2D」もいいですが、「3D」のドット絵もオリジナリティがあって面白いと思います。

「16進数」で「ドット絵」を描く

この章では、「16進数」の「0〜9」と「a〜f」の数をもとに「2進数」に変換し、ドットを「□」か「■」にするドット絵を描きます。

第3章 「16進数」で「ドット絵」を描く

3-1 「16進数」について

この節では、「16進数」について解説します。
「16進数」は「0~9」「a~f」で構成されています。
また、「16進数」と「ドット絵」の対応表を表わします。

■「16進数」とは

「16進数」とは、「0」「1」「2」「3」「4」「5」「6」「7」「8」「9」「a」「b」「c」「d」「e」「f」で数を表わす表記法です。
16個の「数字」と「アルファベット」で表わすので、「16進数」です。

*

コンピュータは、「ビット(bit)」を「2進数」で処理します。
たとえば、「1101」なら「4ビット」で、「16進数」で「d」です。

たいてい、「11110010」のようにまとめて「8ビット」ごとで表わし、「16進数」なら「f2」のように表わすことが多いです。
なぜなら、「8ビット」は「1バイト(Byte)」だからです。

■「16進数」と「ドット絵」の対応表

本書では、「2進数」と「16進数」と「ドット絵」を、以下の**表3-1**のように対応させます。
「0」が何もしない空白の「□」で、「1」が黒色で塗りつぶす「■」です。

「16進数」を「ドット絵」に対応させる、というのは筆者が独自に決めたルールですが、「白黒2色」のアイコンなどは、これに近いデータ構造になっていると思います。

表3-1 「2進数」と「16進数」と「ドット絵」の対応表

2進数	16進数	ドット絵
0000	0	☐☐☐☐
0001	1	☐☐☐■
0010	2	☐☐■☐
0011	3	☐☐■■
0100	4	☐■☐☐
0101	5	☐■☐■
0110	6	☐■■☐
0111	7	☐■■■
1000	8	■☐☐☐
1001	9	■☐☐■
1010	a	■☐■☐
1011	b	■☐■■
1100	c	■■☐☐
1101	d	■■☐■
1110	e	■■■☐
1111	f	■■■■

3-2 「16進数」から「ドット絵」にしたサンプル

　この節では、「16進数」を「2進数」に変換してから「16×16」のドット絵にしたサンプルを表わします。

　この節を参考に、問題を解いていきましょう。

■ サンプル

　たとえば、以下の**表3-2**は、「16進数」を「横16x縦16ドット」のドット絵にしたサンプルです。
　オブジェクトの「スマートフォン」の形に似せたドット絵です。

　こんな感じで、すべての問題は「オブジェクト」や「記号」「文字」「図形」「模様」など、何らかの意味のある形にしています。

第3章 「16進数」で「ドット絵」を描く

表3-2 「16進数」と「2進数」と「ドット絵」のサンプル

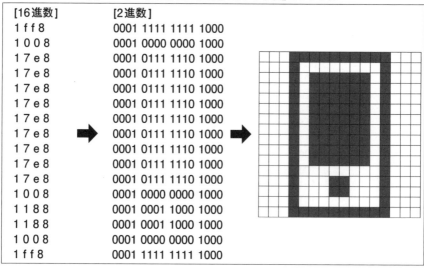

　それでは、「16進数」を「2進数」に変換して「ドット絵」にする問題を、**20問**出題します。

　シャープペンシルや鉛筆で塗れば、誤っても消しゴムで消せます。

　今回は「16進数」を、うまく「2進数」に変換する必要があります。
　問題の後に答も見ていくので、何問か問いているうちに、「16進数」と「2進数」の関係を理解できるでしょう。

　問題となる「進数」と一緒に、対応表を入れてあります。
　対応表を見ながら、問題を解いてみてください。

　＊

　ではさっそく、「16×16」の空っぽのマス目に、「ドット絵」の塗り絵をはじめましょう！

[3-2] 「16進数」から「ドット絵」にしたサンプル

> **Column** Webページの色は「#ffffff」
>
> どこでいちばん「16進数」を見かけるか聞かれたら、やっぱりWebページの色を指定するときにいちばん使われると思います。
> 「cssファイル」で、「color」を以下のように指定しているのを見かけたことがあると思います。
>
> ```
> 白：#ffffff
> 赤：#ff0000
> 緑：#00ff00
> 青：#0000ff
> 黒：#000000
> ```
>
> などです。
>
> 6桁の最上位2桁が「赤」で、3桁目と4桁目が「緑」で、最下位2桁が「青」を表わします。
> つまり、「赤」「緑」「青」がすべてMAXだと、「白」になります。
>
> 人間は「10進数」で数字を数えるのに慣れていますが、この色を指定する場合に限っては、「16進数」のほうが分かりやすいと思います。

第3章 「16進数」で「ドット絵」を描く

■問3-1 「♥」

「16進数」を「2進数」に変換して「♥」を描く。

```
1 8 1 8
3 c 3 c
7 e 7 e
7 e 7 e
f f f f
f f f f
f f f f
f f f f
f f f f
7 f f e
3 f f c
1 f f 8
0 f f 0
0 7 e 0
0 3 c 0
0 1 8 0
```

「2進数」と「16進数」と「ドット絵」の対応表

2進数	16進数	ドット絵
0000	0	□□□□
0001	1	□□□■
0010	2	□□■□
0011	3	□□■■
0100	4	□■□□
0101	5	□■□■
0110	6	□■■□
0111	7	□■■■
1000	8	■□□□
1001	9	■□□■
1010	a	■□■□
1011	b	■□■■
1100	c	■■□□
1101	d	■■□■
1110	e	■■■□
1111	f	■■■■

■問3-2 「鍵」

「16進数」を「2進数」に変換して「鍵」を描く。

```
0 3 c 0
0 7 e 0
0 e 7 0
0 c 3 0
0 c 3 0
0 e 7 0
0 7 e 0
0 3 c 0
0 1 8 0
0 1 f 0
0 1 f 0
0 1 8 0
0 1 f 0
0 1 f 0
0 1 8 0
0 1 8 0
```

「2進数」と「16進数」と「ドット絵」の対応表

2進数	16進数	ドット絵
0000	0	□□□□
0001	1	□□□■
0010	2	□□■□
0011	3	□□■■
0100	4	□■□□
0101	5	□■□■
0110	6	□■■□
0111	7	□■■■
1000	8	■□□□
1001	9	■□□■
1010	a	■□■□
1011	b	■□■■
1100	c	■■□□
1101	d	■■□■
1110	e	■■■□
1111	f	■■■■

[3-2] 「16進数」から「ドット絵」にしたサンプル

「♥」

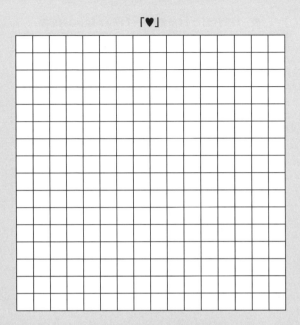

「鍵」

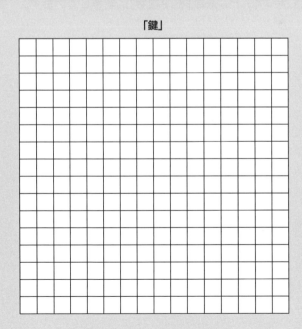

16進数

第3章 「16進数」で「ドット絵」を描く

表 「2進数」と「16進数」と「ドット絵」の対応表

2進数	16進数	ドット絵
0000	0	□□□□
0001	1	□□□■
0010	2	□□■□
0011	3	□□■■
0100	4	□■□□
0101	5	□■□■
0110	6	□■■□
0111	7	□■■■
1000	8	■□□□
1001	9	■□□■
1010	a	■□■□
1011	b	■□■■
1100	c	■■□□
1101	d	■■□■
1110	e	■■■□
1111	f	■■■■

上記の表を使って、「16進数」を「2進数」に変換しています。

[3-2] 「16進数」から「ドット絵」にしたサンプル

■ 問3-1の答 「♥」

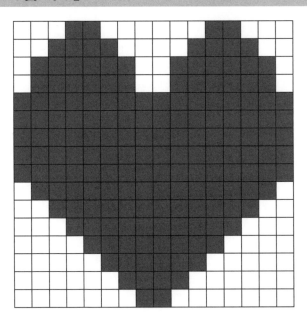

■ 問3-2の答 「鍵」

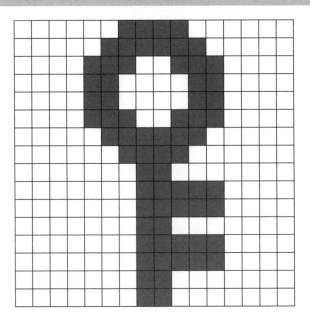

16進数

第3章 「16進数」で「ドット絵」を描く

■問3-3 「#」

「16進数」を「2進数」に変換して「#」を描く。

	「2進数」と「16進数」と「ドット絵」の対応表		
0 6 3 0	2進数	16進数	ドット絵
0 6 3 0	0000	0	□□□□
0 6 3 0	0001	1	□□□■
0 6 3 0	0010	2	□□■□
1 f f c	0011	3	□□■■
1 f f c	0100	4	□■□□
0 6 3 0	0101	5	□■□■
0 6 3 0	0110	6	□■■□
0 c 6 0	0111	7	□■■■
0 c 6 0	1000	8	■□□□
3 f f 8	1001	9	■□□■
3 f f 8	1010	a	■□■□
0 c 6 0	1011	b	■□■■
0 c 6 0	1100	c	■■□□
0 c 6 0	1101	d	■■□■
0 c 6 0	1110	e	■■■□
	1111	f	■■■■

■問3-4 「た」

「16進数」を「2進数」に変換して「た」を描く。

	「2進数」と「16進数」と「ドット絵」の対応表		
0 6 3 0	2進数	16進数	ドット絵
0 6 3 0	0000	0	□□□□
0 6 3 0	0001	1	□□□■
0 6 3 0	0010	2	□□■□
1 f f c	0011	3	□□■■
1 f f c	0100	4	□■□□
0 6 3 0	0101	5	□■□■
0 6 3 0	0110	6	□■■□
0 c 6 0	0111	7	□■■■
0 c 6 0	1000	8	■□□□
3 f f 8	1001	9	■□□■
3 f f 8	1010	a	■□■□
0 c 6 0	1011	b	■□■■
0 c 6 0	1100	c	■■□□
0 c 6 0	1101	d	■■□■
0 c 6 0	1110	e	■■■□
	1111	f	■■■■

[3-2] 「16進数」から「ドット絵」にしたサンプル

「#」

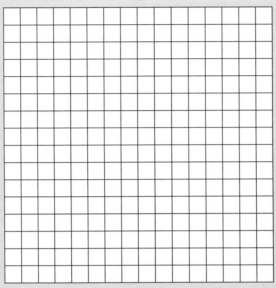

「た」

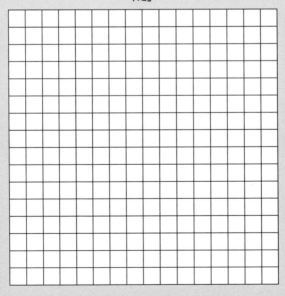

16進数

第3章 「16進数」で「ドット絵」を描く

表 「2進数」と「16進数」と「ドット絵」の対応表

2進数	16進数	ドット絵
0000	0	□□□□
0001	1	□□□■
0010	2	□□■□
0011	3	□□■■
0100	4	□■□□
0101	5	□■□■
0110	6	□■■□
0111	7	□■■■
1000	8	■□□□
1001	9	■□□■
1010	a	■□■□
1011	b	■□■■
1100	c	■■□□
1101	d	■■□■
1110	e	■■■□
1111	f	■■■■

上記の表を使って、「16進数」を「2進数」に変換しています。

[3-2] 「16進数」から「ドット絵」にしたサンプル

■ 問3-3の答 「#」

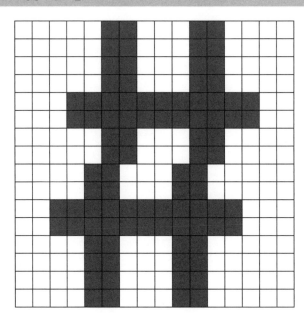

■ 問3-4の答 「た」

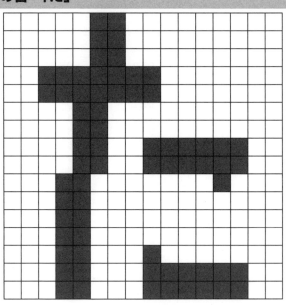

第3章 「16進数」で「ドット絵」を描く

■ 問3-5 「！」

「16進数」を「2進数」に変換して「！」を描く。

```
0 1 8 0
0 3 c 0
0 7 e 0
0 7 e 0
0 7 e 0
0 7 e 0
0 3 c 0
0 3 c 0
0 3 c 0
0 1 8 0
0 1 8 0
0 0 0 0
0 1 8 0
0 3 c 0
0 3 c 0
0 1 8 0
```

「2進数」と「16進数」と「ドット絵」の対応表

2進数	16進数	ドット絵
0000	0	☐☐☐☐
0001	1	☐☐☐■
0010	2	☐☐■☐
0011	3	☐☐■■
0100	4	☐■☐☐
0101	5	☐■☐■
0110	6	☐■■☐
0111	7	☐■■■
1000	8	■☐☐☐
1001	9	■☐☐■
1010	a	■☐■☐
1011	b	■☐■■
1100	c	■■☐☐
1101	d	■■☐■
1110	e	■■■☐
1111	f	■■■■

■ 問3-6 「♪」

「16進数」を「2進数」に変換して「♪」を描く。

```
0 0 f f
1 f 8 1
1 0 0 1
1 0 7 d
1 7 c 5
1 4 0 5
1 4 0 5
1 4 0 5
1 4 0 5
1 4 0 5
1 4 1 d
7 4 3 1
c 4 2 1
8 4 3 3
c c 1 e
7 8 0 0
```

「2進数」と「16進数」と「ドット絵」の対応表

2進数	16進数	ドット絵
0000	0	☐☐☐☐
0001	1	☐☐☐■
0010	2	☐☐■☐
0011	3	☐☐■■
0100	4	☐■☐☐
0101	5	☐■☐■
0110	6	☐■■☐
0111	7	☐■■■
1000	8	■☐☐☐
1001	9	■☐☐■
1010	a	■☐■☐
1011	b	■☐■■
1100	c	■■☐☐
1101	d	■■☐■
1110	e	■■■☐
1111	f	■■■■

【3-2】「16進数」から「ドット絵」にしたサンプル

「！」

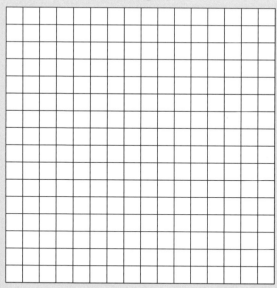

「」

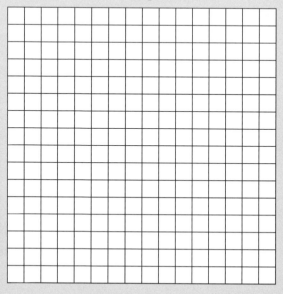

第3章 「16進数」で「ドット絵」を描く

表 「2進数」と「16進数」と「ドット絵」の対応表

2進数	16進数	ドット絵
0000	0	□□□□
0001	1	□□□■
0010	2	□□■□
0011	3	□□■■
0100	4	□■□□
0101	5	□■□■
0110	6	□■■□
0111	7	□■■■
1000	8	■□□□
1001	9	■□□■
1010	a	■□■□
1011	b	■□■■
1100	c	■■□□
1101	d	■■□■
1110	e	■■■□
1111	f	■■■■

上記の表を使って、「16進数」を「2進数」に変換しています。

[3-2] 「16進数」から「ドット絵」にしたサンプル

■問3-5の答 「！」

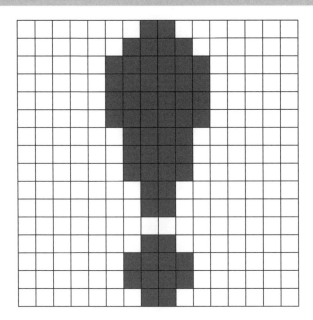

■問3-6の答 「♪」

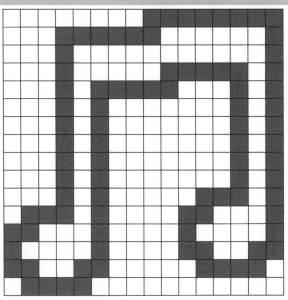

第3章 「16進数」で「ドット絵」を描く

■ 問3-7 「手」

「16進数」を「2進数」に変換して「手」を描く。

```
03c0
1e78
1248
f248
9248
9248
924f
8009
8009
8009
8009
8009
8001
c003
6006
3ffc
```

「2進数」と「16進数」と「ドット絵」の対応表

2進数	16進数	ドット絵
0000	0	☐☐☐☐
0001	1	☐☐☐■
0010	2	☐☐■☐
0011	3	☐☐■■
0100	4	☐■☐☐
0101	5	☐■☐■
0110	6	☐■■☐
0111	7	☐■■■
1000	8	■☐☐☐
1001	9	■☐☐■
1010	a	■☐■☐
1011	b	■☐■■
1100	c	■■☐☐
1101	d	■■☐■
1110	e	■■■☐
1111	f	■■■■

■ 問3-8 「J」

「16進数」を「2進数」に変換して「J」を描く。

```
00fc
00fc
0030
0030
0030
0030
0030
0030
0030
0030
0030
3030
3870
1ce0
0fc0
0780
```

「2進数」と「16進数」と「ドット絵」の対応表

2進数	16進数	ドット絵
0000	0	☐☐☐☐
0001	1	☐☐☐■
0010	2	☐☐■☐
0011	3	☐☐■■
0100	4	☐■☐☐
0101	5	☐■☐■
0110	6	☐■■☐
0111	7	☐■■■
1000	8	■☐☐☐
1001	9	■☐☐■
1010	a	■☐■☐
1011	b	■☐■■
1100	c	■■☐☐
1101	d	■■☐■
1110	e	■■■☐
1111	f	■■■■

[3-2] 「16進数」から「ドット絵」にしたサンプル

「手」

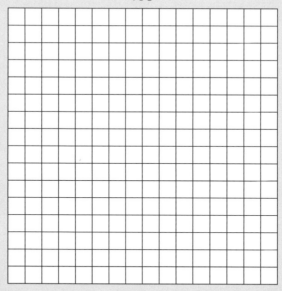

「J」

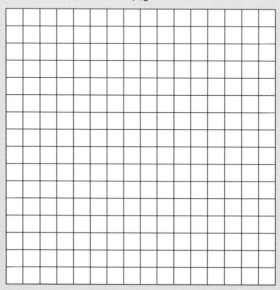

第3章 「16進数」で「ドット絵」を描く

表 「2進数」と「16進数」と「ドット絵」の対応表

2進数	16進数	ドット絵
0000	0	☐☐☐☐
0001	1	☐☐☐■
0010	2	☐☐■☐
0011	3	☐☐■■
0100	4	☐■☐☐
0101	5	☐■☐■
0110	6	☐■■☐
0111	7	☐■■■
1000	8	■☐☐☐
1001	9	■☐☐■
1010	a	■☐■☐
1011	b	■☐■■
1100	c	■■☐☐
1101	d	■■☐■
1110	e	■■■☐
1111	f	■■■■

上記の表を使って、「16進数」を「2進数」に変換しています。

[3-2]　「16進数」から「ドット絵」にしたサンプル

■問3-7の答　「手」

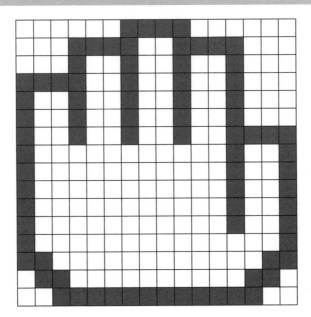

■問3-8の答　「J」

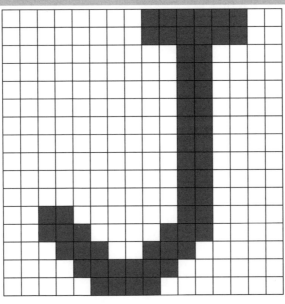

16進数

第3章 「16進数」で「ドット絵」を描く

■問3-9 「ロボット」

「16進数」を「2進数」に変換して「ロボット」を描く。

	「2進数」と「16進数」と「ドット絵」の対応表		
0180	2進数	16進数	ドット絵
0180	0000	0	□□□□
47e2	0001	1	□□□■
6ff6	0010	2	□□■□
781e	0011	3	□□■■
3a5c	0100	4	□■□□
1a58	0101	5	□■□■
0810	0110	6	□■■□
7ffe	0111	7	□■■■
d00b	1000	8	■□□□
9009	1001	9	■□□■
9ff9	1010	a	■□■□
9009	1011	b	■□■■
ffff	1100	c	■■□□
2244	1101	d	■■□■
3e7c	1110	e	■■■□
	1111	f	■■■■

■問3-10 「9」

「16進数」を「2進数」に変換して「9」を描く。

	「2進数」と「16進数」と「ドット絵」の対応表		
03c0	2進数	16進数	ドット絵
07e0	0000	0	□□□□
0e70	0001	1	□□□■
1c38	0010	2	□□■□
1818	0011	3	□□■■
1818	0100	4	□■□□
1c38	0101	5	□■□■
0e78	0110	6	□■■□
07f8	0111	7	□■■■
03d8	1000	8	■□□□
0018	1001	9	■□□■
0018	1010	a	■□■□
1818	1011	b	■□■■
1c38	1100	c	■■□□
0ff0	1101	d	■■□■
07e0	1110	e	■■■□
	1111	f	■■■■

[3-2] 「16進数」から「ドット絵」にしたサンプル

「ロボット」

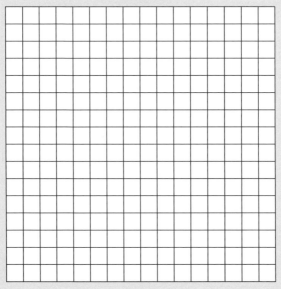

「9」

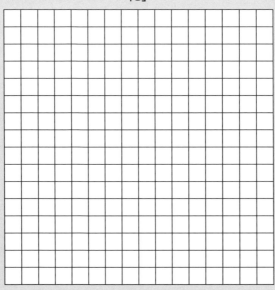

16進数

第3章 「16進数」で「ドット絵」を描く

表 「2進数」と「16進数」と「ドット絵」の対応表

2進数	16進数	ドット絵
0000	0	□□□□
0001	1	□□□■
0010	2	□□■□
0011	3	□□■■
0100	4	□■□□
0101	5	□■□■
0110	6	□■■□
0111	7	□■■■
1000	8	■□□□
1001	9	■□□■
1010	a	■□■□
1011	b	■□■■
1100	c	■■□□
1101	d	■■□■
1110	e	■■■□
1111	f	■■■■

上記の表を使って、「16進数」を「2進数」に変換しています。

[3-2] 「16進数」から「ドット絵」にしたサンプル

■ 問3-9の答 「ロボット」

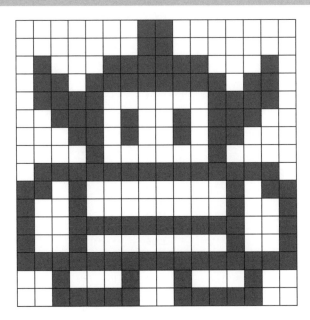

■ 問3-10の答 「9」

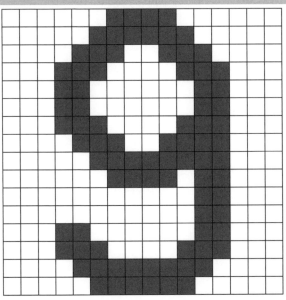

第3章　「16進数」で「ドット絵」を描く

■問3-11　「人」

「16進数」を「2進数」に変換して「人」を描く。

```
03e0
0220
0220
1ffc
3006
2412
2412
2412
2412
3c1e
0490
0490
1c9c
1084
1084
1ffc
```

「2進数」と「16進数」と「ドット絵」の対応表

2進数	16進数	ドット絵
0000	0	□□□□
0001	1	□□□■
0010	2	□□■□
0011	3	□□■■
0100	4	□■□□
0101	5	□■□■
0110	6	□■■□
0111	7	□■■■
1000	8	■□□□
1001	9	■□□■
1010	a	■□■□
1011	b	■□■■
1100	c	■■□□
1101	d	■■□■
1110	e	■■■□
1111	f	■■■■

■問3-12　「¥」

「16進数」を「2進数」に変換して「¥」を描く。

```
1818
1818
0c30
0c30
0660
0660
03c0
0180
0ff0
0ff0
0180
0ff0
0ff0
0180
0180
0180
```

「2進数」と「16進数」と「ドット絵」の対応表

2進数	16進数	ドット絵
0000	0	□□□□
0001	1	□□□■
0010	2	□□■□
0011	3	□□■■
0100	4	□■□□
0101	5	□■□■
0110	6	□■■□
0111	7	□■■■
1000	8	■□□□
1001	9	■□□■
1010	a	■□■□
1011	b	■□■■
1100	c	■■□□
1101	d	■■□■
1110	e	■■■□
1111	f	■■■■

【3-2】「16進数」から「ドット絵」にしたサンプル

「人」

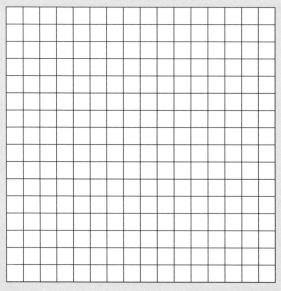

「¥」

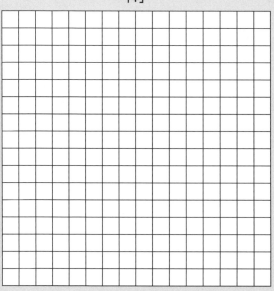

第3章 「16進数」で「ドット絵」を描く

表 「2進数」と「16進数」と「ドット絵」の対応表

2進数	16進数	ドット絵
0000	0	☐☐☐☐
0001	1	☐☐☐■
0010	2	☐☐■☐
0011	3	☐☐■■
0100	4	☐■☐☐
0101	5	☐■☐■
0110	6	☐■■☐
0111	7	☐■■■
1000	8	■☐☐☐
1001	9	■☐☐■
1010	a	■☐■☐
1011	b	■☐■■
1100	c	■■☐☐
1101	d	■■☐■
1110	e	■■■☐
1111	f	■■■■

上記の表を使って、「16進数」を「2進数」に変換しています。

[3-2] 「16進数」から「ドット絵」にしたサンプル

■問3-11の答 「人」

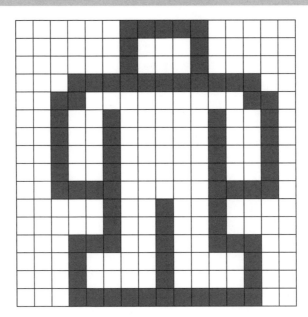

■問3-12の答 「¥」

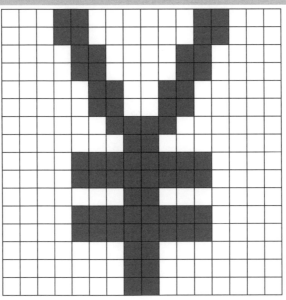

第3章 「16進数」で「ドット絵」を描く

■問3-13 「顔」

「16進数」を「2進数」に変換して「顔」を描く。

```
2 0 0 4
7 0 0 e
f 8 1 f
7 0 0 e
2 0 0 4
0 0 0 0
2 0 0 4
2 0 0 4
7 0 0 e
7 0 0 e
3 8 1 c
3 c 3 c
1 e 7 8
1 f f 8
0 f f 0
0 7 e 0
```

「2進数」と「16進数」と「ドット絵」の対応表

2進数	16進数	ドット絵
0000	0	☐☐☐☐
0001	1	☐☐☐■
0010	2	☐☐■☐
0011	3	☐☐■■
0100	4	☐■☐☐
0101	5	☐■☐■
0110	6	☐■■☐
0111	7	☐■■■
1000	8	■☐☐☐
1001	9	■☐☐■
1010	a	■☐■☐
1011	b	■☐■■
1100	c	■■☐☐
1101	d	■■☐■
1110	e	■■■☐
1111	f	■■■■

■問3-14 「CCO」

「16進数」を「2進数」に変換して「CCO」を描く。

```
0 0 0 0
0 0 0 0
0 0 0 0
0 0 0 0
0 0 0 0
7 b d e
4 a 5 2
4 2 1 2
4 2 1 2
4 a 5 2
7 b d e
0 0 0 0
0 0 0 0
0 0 0 0
0 0 0 0
0 0 0 0
```

「2進数」と「16進数」と「ドット絵」の対応表

2進数	16進数	ドット絵
0000	0	☐☐☐☐
0001	1	☐☐☐■
0010	2	☐☐■☐
0011	3	☐☐■■
0100	4	☐■☐☐
0101	5	☐■☐■
0110	6	☐■■☐
0111	7	☐■■■
1000	8	■☐☐☐
1001	9	■☐☐■
1010	a	■☐■☐
1011	b	■☐■■
1100	c	■■☐☐
1101	d	■■☐■
1110	e	■■■☐
1111	f	■■■■

[3-2] 「16進数」から「ドット絵」にしたサンプル

「顔」

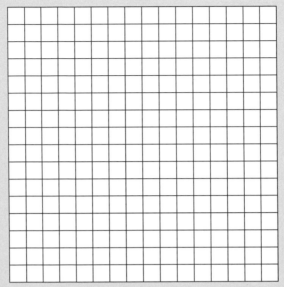

「CCO」

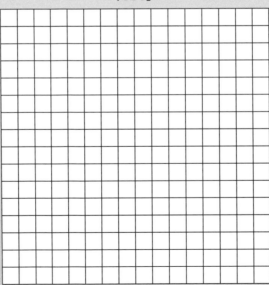

16進数

第3章 「16進数」で「ドット絵」を描く

表 「2進数」と「16進数」と「ドット絵」の対応表

2進数	16進数	ドット絵
0000	0	☐☐☐☐
0001	1	☐☐☐■
0010	2	☐☐■☐
0011	3	☐☐■■
0100	4	☐■☐☐
0101	5	☐■☐■
0110	6	☐■■☐
0111	7	☐■■■
1000	8	■☐☐☐
1001	9	■☐☐■
1010	a	■☐■☐
1011	b	■☐■■
1100	c	■■☐☐
1101	d	■■☐■
1110	e	■■■☐
1111	f	■■■■

上記の表を使って、「16進数」を「2進数」に変換しています。

[3-2] 「16進数」から「ドット絵」にしたサンプル

■問3-13の答 「顔」

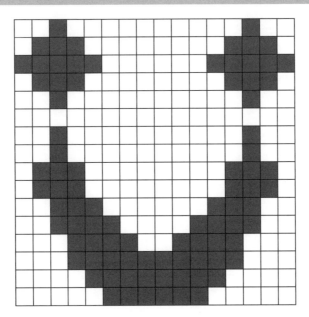

■問3-14の答 「CCO」

第3章 「16進数」で「ドット絵」を描く

■問3-15 「ドラム」

「16進数」を「2進数」に変換して「ドラム」を描く。

```
07e0
1c3c
7006
c003
f00f
9c39
97e9
9249
9249
9249
9249
9249
d24b
724e
1e78
07e0
```

「2進数」と「16進数」と「ドット絵」の対応表

2進数	16進数	ドット絵
0000	0	□□□□
0001	1	□□□■
0010	2	□□■□
0011	3	□□■■
0100	4	□■□□
0101	5	□■□■
0110	6	□■■□
0111	7	□■■■
1000	8	■□□□
1001	9	■□□■
1010	a	■□■□
1011	b	■□■■
1100	c	■■□□
1101	d	■■□■
1110	e	■■■□
1111	f	■■■■

■問3-16 「ニット帽」

「16進数」を「2進数」に変換して「ニット帽」を描く。

```
03c0
0660
0c30
1818
1008
300c
2004
2004
6006
4002
4002
ffff
9249
9249
9249
ffff
```

「2進数」と「16進数」と「ドット絵」の対応表

2進数	16進数	ドット絵
0000	0	□□□□
0001	1	□□□■
0010	2	□□■□
0011	3	□□■■
0100	4	□■□□
0101	5	□■□■
0110	6	□■■□
0111	7	□■■■
1000	8	■□□□
1001	9	■□□■
1010	a	■□■□
1011	b	■□■■
1100	c	■■□□
1101	d	■■□■
1110	e	■■■□
1111	f	■■■■

[3-2]「16進数」から「ドット絵」にしたサンプル

「ドラム」

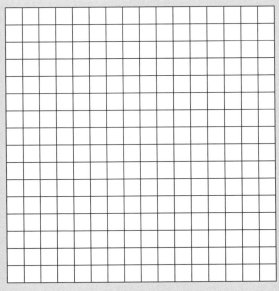

「ニット帽」

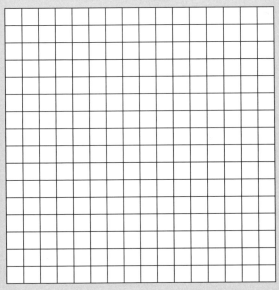

第3章 「16進数」で「ドット絵」を描く

表 「2進数」と「16進数」と「ドット絵」の対応表

2進数	16進数	ドット絵
0000	0	□□□□
0001	1	□□□■
0010	2	□□■□
0011	3	□□■■
0100	4	□■□□
0101	5	□■□■
0110	6	□■■□
0111	7	□■■■
1000	8	■□□□
1001	9	■□□■
1010	a	■□■□
1011	b	■□■■
1100	c	■■□□
1101	d	■■□■
1110	e	■■■□
1111	f	■■■■

上記の表を使って、「16進数」を「2進数」に変換しています。

[3-2] 「16進数」から「ドット絵」にしたサンプル

■ 問3-15の答 「ドラム」

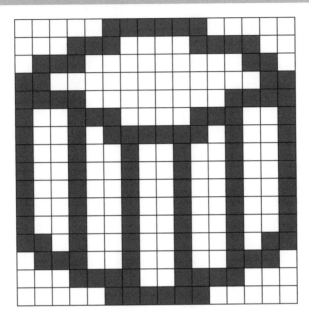

■ 問3-16の答 「ニット帽」

16進数

第3章 「16進数」で「ドット絵」を描く

■問3-17 「箱」

「16進数」を「2進数」に変換して「箱」を描く。

```
07ff
0803
1005
2009
4011
ffe1
8021
8021
8021
8021
8021
8022
8024
8028
8030
ffe0
```

「2進数」と「16進数」と「ドット絵」の対応表

2進数	16進数	ドット絵
0000	0	☐☐☐☐
0001	1	☐☐☐■
0010	2	☐☐■☐
0011	3	☐☐■■
0100	4	☐■☐☐
0101	5	☐■☐■
0110	6	☐■■☐
0111	7	☐■■■
1000	8	■☐☐☐
1001	9	■☐☐■
1010	a	■☐■☐
1011	b	■☐■■
1100	c	■■☐☐
1101	d	■■☐■
1110	e	■■■☐
1111	f	■■■■

■問3-18 「ドーナツ」

「16進数」を「2進数」に変換して「ドーナツ」を描く。

```
0180
07e0
1ff8
3ffc
3ffc
7ffe
7e7e
fc3f
fc3f
7e7e
7ffe
3ffe
3ffc
1ff8
07e0
0180
```

「2進数」と「16進数」と「ドット絵」の対応表

2進数	16進数	ドット絵
0000	0	☐☐☐☐
0001	1	☐☐☐■
0010	2	☐☐■☐
0011	3	☐☐■■
0100	4	☐■☐☐
0101	5	☐■☐■
0110	6	☐■■☐
0111	7	☐■■■
1000	8	■☐☐☐
1001	9	■☐☐■
1010	a	■☐■☐
1011	b	■☐■■
1100	c	■■☐☐
1101	d	■■☐■
1110	e	■■■☐
1111	f	■■■■

[3-2] 「16進数」から「ドット絵」にしたサンプル

「箱」

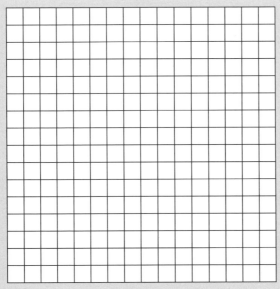

「ドーナツ」

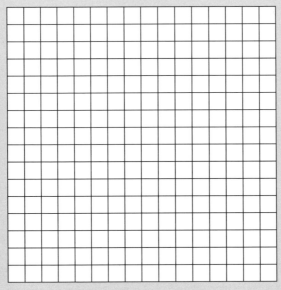

第3章　「16進数」で「ドット絵」を描く

表　「2進数」と「16進数」と「ドット絵」の対応表

2進数	16進数	ドット絵
0000	0	□□□□
0001	1	□□□■
0010	2	□□■□
0011	3	□□■■
0100	4	□■□□
0101	5	□■□■
0110	6	□■■□
0111	7	□■■■
1000	8	■□□□
1001	9	■□□■
1010	a	■□■□
1011	b	■□■■
1100	c	■■□□
1101	d	■■□■
1110	e	■■■□
1111	f	■■■■

上記の表を使って、「16進数」を「2進数」に変換しています。

[3-2] 「16進数」から「ドット絵」にしたサンプル

■ 問3-17の答 「箱」

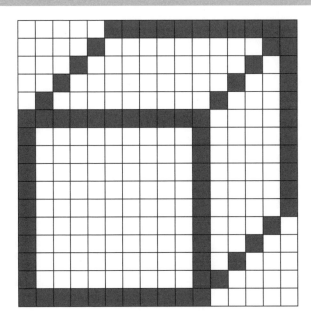

■ 問3-18の答 「ドーナツ」

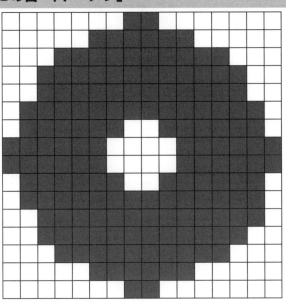

第3章　「16進数」で「ドット絵」を描く

■問3-19　「武」

「16進数」を「2進数」に変換して「武」を描く。

0 0 3 4	
3 f 3 6	
3 f 3 3	
0 0 3 0	
f f f f	
f f f f	
0 0 3 0	
0 6 3 0	
0 6 1 8	
3 7 9 8	
3 7 9 9	
3 6 1 9	
3 6 1 b	
f f d f	
f f c e	
0 0 0 4	

「2進数」と「16進数」と「ドット絵」の対応表

2進数	16進数	ドット絵
0000	0	□□□□
0001	1	□□□■
0010	2	□□■□
0011	3	□□■■
0100	4	□■□□
0101	5	□■□■
0110	6	□■■□
0111	7	□■■■
1000	8	■□□□
1001	9	■□□■
1010	a	■□■□
1011	b	■□■■
1100	c	■■□□
1101	d	■■□■
1110	e	■■■□
1111	f	■■■■

■問3-20　「ヘ音記号」

「16進数」を「2進数」に変換して「ヘ音記号」を描く。

0 f 8 0	
1 f c 0	
3 8 e 0	
7 0 7 6	
6 0 3 6	
6 c 3 0	
7 e 3 0	
3 e 3 6	
0 c 7 6	
0 0 6 0	
0 0 6 0	
0 0 c 0	
0 0 c 0	
0 1 8 0	
0 3 0 0	
0 6 0 0	

「2進数」と「16進数」と「ドット絵」の対応表

2進数	16進数	ドット絵
0000	0	□□□□
0001	1	□□□■
0010	2	□□■□
0011	3	□□■■
0100	4	□■□□
0101	5	□■□■
0110	6	□■■□
0111	7	□■■■
1000	8	■□□□
1001	9	■□□■
1010	a	■□■□
1011	b	■□■■
1100	c	■■□□
1101	d	■■□■
1110	e	■■■□
1111	f	■■■■

[3-2] 「16進数」から「ドット絵」にしたサンプル

「武」

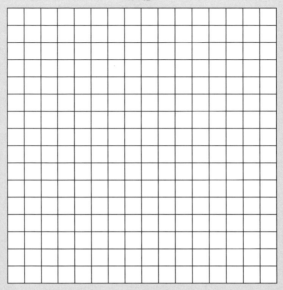

「ヘ音記号」

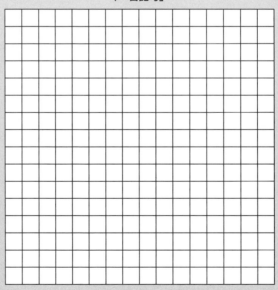

16進数

第3章 「16進数」で「ドット絵」を描く

表 「2進数」と「16進数」と「ドット絵」の対応表

2進数	16進数	ドット絵
0000	0	□□□□
0001	1	□□□■
0010	2	□□■□
0011	3	□□■■
0100	4	□■□□
0101	5	□■□■
0110	6	□■■□
0111	7	□■■■
1000	8	■□□□
1001	9	■□□■
1010	a	■□■□
1011	b	■□■■
1100	c	■■□□
1101	d	■■□■
1110	e	■■■□
1111	f	■■■■

上記の表を使って、「16進数」を「2進数」に変換しています。

[3-2] 「16進数」から「ドット絵」にしたサンプル

■問3-19の答 「武」

■問3-20の答 「ヘ音記号」

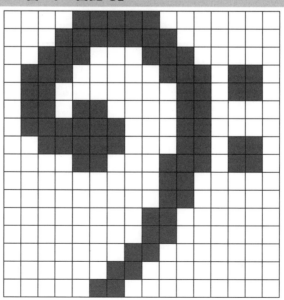

第3章 「16進数」で「ドット絵」を描く

Column 2Dペイントツール「Paint.NET」

ドット絵は「2D-CG」の部類の絵に入ると思います。
「2D-CG」は多くが写真を加工するツールの場合が多いです。

たとえば、フリーソフトで「Paint.NET」がシンプルで優れています。

https://www.getpaint.net/

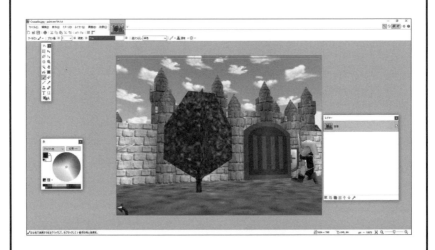

この画像は「3D-CG」ですが、色の調整などが簡単に行なえます。

「10進数」で「ドット絵」を描く

この章では、「10進数」の「0〜9」の数をもとに「2進数」に変換し、「ドット」を「空白」にするか、「埋める」かの、「ドット絵」を描きます。

第4章 「10進数」で「ドット絵」を描く

4-1 「10進数」について

この節では、「10進数」について解説します。
「10進数」は、「0～9」で構成されています。
また、「10進数」と「ドット絵」の対応表を表わします。

■「10進数」とは

「10進数」とは、「0」「1」「2」「3」「4」「5」「6」「7」「8」「9」で数を表わす表記法です。10個の「数字」で表わすので、「10進数」です。

コンピュータは、「ビット(bit)」を「2進数」で処理します。
たとえば、「1111」なら「4ビット」で、「10進数」では「15」です。

なぜなら、「8ビット」は「1バイト(Byte)」のため、たいてい、「11110010」のようにまとめて「8ビット」ごとで表わすことが多いです。

■「10進数」と「ドット絵」の対応表

本書では、「2進数」と「10進数」と「ドット絵」を、以下の**表4-1**のように対応させます。

「0」が何もしない空白の「□」で、「1」が黒色で塗りつぶす「■」です。
「10進数」を「ドット絵」に対応させるのは、筆者が独自に決めたルールですが、「白黒2色」のアイコンなどは、これに近いデータ構造になっていると思います。

【4-1】「10進数」について

表4-1 「2進数」と「10進数」と「ドット絵」の対応表

2進数	10進数	ドット絵
0000 0000 0000 0000	0	□□□□□□□□□□□□□□□□
0000 0000 0000 0001	1	□□□□□□□□□□□□□□□■
0000 0000 0000 0010	2	□□□□□□□□□□□□□□■□
0000 0000 0000 0011	3	□□□□□□□□□□□□□□■■
0000 0000 0000 0100	4	□□□□□□□□□□□□□■□□
0000 0000 0000 0101	5	□□□□□□□□□□□□□■□■
0000 0000 0000 0110	6	□□□□□□□□□□□□□■■□
0000 0000 0000 0111	7	□□□□□□□□□□□□□■■■
0000 0000 0000 1000	8	□□□□□□□□□□□□■□□□
0000 0000 0000 1001	9	□□□□□□□□□□□□■□□■
0000 0000 0000 1010	10	□□□□□□□□□□□□■□■□
0000 0000 0000 1011	11	□□□□□□□□□□□□■□■■
0000 0000 0000 1100	12	□□□□□□□□□□□□■■□□
0000 0000 0000 1101	13	□□□□□□□□□□□□■■□■
0000 0000 0000 1110	14	□□□□□□□□□□□□■■■□
0000 0000 0000 1111	15	□□□□□□□□□□□□■■■■
0000 0000 0001 0000	16	□□□□□□□□□□□■□□□□
0000 0000 0010 0000	32	□□□□□□□□□□■□□□□□
0000 0000 0100 0000	64	□□□□□□□□□■□□□□□□
0000 0000 1000 0000	128	□□□□□□□□■□□□□□□□
0000 0001 0000 0000	256	□□□□□□□■□□□□□□□□
0000 0010 0000 0000	512	□□□□□□■□□□□□□□□□
0000 0100 0000 0000	1024	□□□□□■□□□□□□□□□□
0000 1000 0000 0000	2048	□□□□■□□□□□□□□□□□
0001 0000 0000 0000	4096	□□□■□□□□□□□□□□□□
0010 0000 0000 0000	8192	□□■□□□□□□□□□□□□□
0100 0000 0000 0000	16384	□■□□□□□□□□□□□□□□
1000 0000 0000 0000	32768	■□□□□□□□□□□□□□□□

10進数

第4章 「10進数」で「ドット絵」を描く

■「10進数」を「2進数」に変換する計算方法

「10進数」を「2進数」に変換するには、図4-1のように、繰り返し「2」で除算していけば、「余り」などから「2進数」を求めることができます。

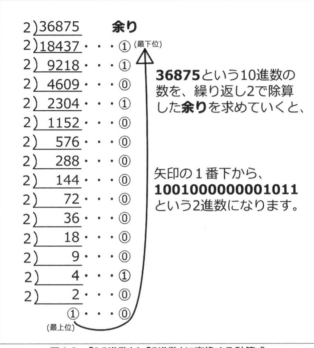

図4-1 「10進数」を「2進数」に変換する計算式

たとえば、「10進数」の数「819」から、10桁の2進数「1100110011」が求まった場合。

「16桁」になるように、最上位に「0」を6個足して、「0000001100110011」という「2進数」にします。

4-2 「10進数」から「ドット絵」にしたサンプル

この節では、「10進数」を「2進数」に変換してから、「16×16」のドット絵にしたサンプルを表わします。

この節を参考に、問題を解いていきましょう。

■ サンプル

たとえば、以下の表4-2は、「10進数」を「横16×縦16ドット」のドット絵にしたサンプルです。
楽器の「ウクレレ」の形に似せたドット絵です。

こんな感じで、すべての問題は「楽器」や「記号」「文字」「図形」「模様」など、何らかの意味のある形にしています。

表4-2 「10進数」と「2進数」と「ドット絵」のサンプル

[10進数]	[2進数]
6	0000000000000110
15	0000000000001111
31	0000000000011111
30	0000000000011110
60	0000000000111100
112	0000000001110000
3808	0000111011100000
7104	0001101111000000
12416	0011000010000000
26304	0110011011000000
50752	1100011001000000
32960	1000000011000000
33152	1000000110000000
49920	1100001100000000
26112	0110011000000000
15360	0011110000000000

*

第4章　「10進数」で「ドット絵」を描く

　それでは、「10進数」を「2進数」に変換して、「ドット絵」にする問題を、20問出題します。
　「シャープペンシル」や「鉛筆」で塗れば、誤っても「消しゴム」で消せます。

　これまでの章とは違って、「10進数」のままでは「ドット絵」にならないので、うまく「2進数」に変換する必要があります。
　何問か解いていれば、「10進数」と「2進数」の関係を理解できるでしょう。

　問題となる「進数」と一緒に、対応表を入れてあります。
　対応表を見ながら、問題を解いてみてください。

　ではさっそく、「16×16」の空っぽのマス目に、「ドット絵」の塗り絵をはじめましょう！

[4-2] 「10進数」から「ドット絵」にしたサンプル

> **Column** 「2進数」「8進数」「10進数」「16進数」の対応表
>
> 1章〜4章をまとめると、「2進数」「8進数」「10進数」「16進数」は、以下のような対応表になります。
>
> | 2進数 | 8進数 | 10進数 | 16進数 | ドット絵 |
> |------|------|-------|-------|---------|
> | 0000 | 00 | 0 | 0 | □□□□ |
> | 0001 | 01 | 1 | 1 | □□□■ |
> | 0010 | 02 | 2 | 2 | □□■□ |
> | 0011 | 03 | 3 | 3 | □□■■ |
> | 0100 | 04 | 4 | 4 | □■□□ |
> | 0101 | 05 | 5 | 5 | □■□■ |
> | 0110 | 06 | 6 | 6 | □■■□ |
> | 0111 | 07 | 7 | 7 | □■■■ |
> | 1000 | 10 | 8 | 8 | ■□□□ |
> | 1001 | 11 | 9 | 9 | ■□□■ |
> | 1010 | 12 | 10 | a | ■□■□ |
> | 1011 | 13 | 11 | b | ■□■■ |
> | 1100 | 14 | 12 | c | ■■□□ |
> | 1101 | 15 | 13 | d | ■■□■ |
> | 1110 | 16 | 14 | e | ■■■□ |
> | 1111 | 17 | 15 | f | ■■■■ |

第4章 「10進数」で「ドット絵」を描く

■ 問4-1, 4-2 「おにぎり」「スプーン」

【4-1】
384
576
1056
1056
2064
2064
4104
4104
8196
8196
18402
18402
34785
34785
34785
32766

【4-2】
120
254
510
511
1023
1023
1023
1022
2044
4080
7936
15872
31744
63488
61440
24576

2進数	10進数	ドット絵
0000 0000 0000 0000	0	□□□□□□□□□□□□□□□□
0000 0000 0000 0001	1	□□□□□□□□□□□□□□□■
0000 0000 0000 0010	2	□□□□□□□□□□□□□□■□
0000 0000 0000 0011	3	□□□□□□□□□□□□□□■■
0000 0000 0000 0100	4	□□□□□□□□□□□□□■□□
0000 0000 0000 0101	5	□□□□□□□□□□□□□■□■
0000 0000 0000 0110	6	□□□□□□□□□□□□□■■□
0000 0000 0000 0111	7	□□□□□□□□□□□□□■■■
0000 0000 0000 1000	8	□□□□□□□□□□□□■□□□
0000 0000 0000 1001	9	□□□□□□□□□□□□■□□■
0000 0000 0000 1010	10	□□□□□□□□□□□□■□■□
0000 0000 0000 1011	11	□□□□□□□□□□□□■□■■
0000 0000 0000 1100	12	□□□□□□□□□□□□■■□□
0000 0000 0000 1101	13	□□□□□□□□□□□□■■□■
0000 0000 0000 1110	14	□□□□□□□□□□□□■■■□
0000 0000 0000 1111	15	□□□□□□□□□□□□■■■■
0000 0000 0001 0000	16	□□□□□□□□□□□■□□□□
0000 0000 0010 0000	32	□□□□□□□□□□■□□□□□
0000 0000 0100 0000	64	□□□□□□□□□■□□□□□□
0000 0000 1000 0000	128	□□□□□□□□■□□□□□□□
0000 0001 0000 0000	256	□□□□□□□■□□□□□□□□
0000 0010 0000 0000	512	□□□□□□■□□□□□□□□□
0000 0100 0000 0000	1024	□□□□□■□□□□□□□□□□
0000 1000 0000 0000	2048	□□□□■□□□□□□□□□□□
0001 0000 0000 0000	4096	□□□■□□□□□□□□□□□□
0010 0000 0000 0000	8192	□□■□□□□□□□□□□□□□
0100 0000 0000 0000	16384	□■□□□□□□□□□□□□□□
1000 0000 0000 0000	32768	■□□□□□□□□□□□□□□□

【4-2】 「10進数」から「ドット絵」にしたサンプル

「おにぎり」

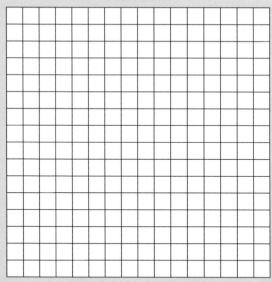

「スプーン」

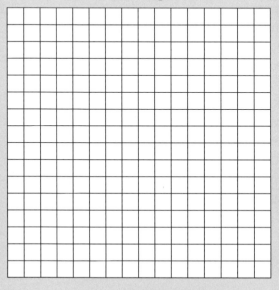

第4章 「10進数」で「ドット絵」を描く

表 「2進数」と「10進数」と「ドット絵」の対応表

2進数	10進数	ドット絵
0000 0000 0000 0000	0	□□□□□□□□□□□□□□□□
0000 0000 0000 0001	1	□□□□□□□□□□□□□□□■
0000 0000 0000 0010	2	□□□□□□□□□□□□□□■□
0000 0000 0000 0011	3	□□□□□□□□□□□□□□■■
0000 0000 0000 0100	4	□□□□□□□□□□□□□■□□
0000 0000 0000 0101	5	□□□□□□□□□□□□□■□■
0000 0000 0000 0110	6	□□□□□□□□□□□□□■■□
0000 0000 0000 0111	7	□□□□□□□□□□□□□■■■
0000 0000 0000 1000	8	□□□□□□□□□□□□■□□□
0000 0000 0000 1001	9	□□□□□□□□□□□□■□□■
0000 0000 0000 1010	10	□□□□□□□□□□□□■□■□
0000 0000 0000 1011	11	□□□□□□□□□□□□■□■■
0000 0000 0000 1100	12	□□□□□□□□□□□□■■□□
0000 0000 0000 1101	13	□□□□□□□□□□□□■■□■
0000 0000 0000 1110	14	□□□□□□□□□□□□■■■□
0000 0000 0000 1111	15	□□□□□□□□□□□□■■■■
0000 0000 0001 0000	16	□□□□□□□□□□□■□□□□
0000 0000 0010 0000	32	□□□□□□□□□□■□□□□□
0000 0000 0100 0000	64	□□□□□□□□□■□□□□□□
0000 0000 1000 0000	128	□□□□□□□□■□□□□□□□
0000 0001 0000 0000	256	□□□□□□□■□□□□□□□□
0000 0010 0000 0000	512	□□□□□□■□□□□□□□□□
0000 0100 0000 0000	1024	□□□□□■□□□□□□□□□□
0000 1000 0000 0000	2048	□□□□■□□□□□□□□□□□
0001 0000 0000 0000	4096	□□□■□□□□□□□□□□□□
0010 0000 0000 0000	8192	□□■□□□□□□□□□□□□□
0100 0000 0000 0000	16384	□■□□□□□□□□□□□□□□
1000 0000 0000 0000	32768	■□□□□□□□□□□□□□□□

上記の表を使って、「10進数」を「2進数」に変換しています。

【4-2】「10進数」から「ドット絵」にしたサンプル

■ 第4-1問の答 「おにぎり」

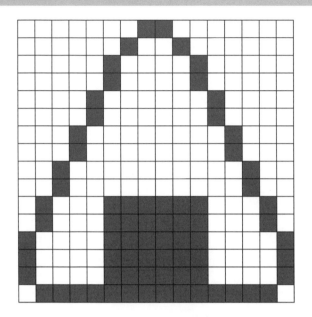

■ 第4-2問の答 「スプーン」

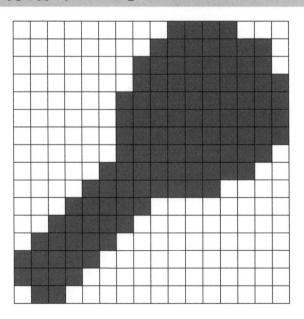

第4章 「10進数」で「ドット絵」を描く

■ 問4-3, 4-4 「コップ」「K」

【4-3】
0
0
65528
32752
32766
32753
32753
32753
32753
32766
32752
32752
16352
8128
0
0

【4-4】
15372
6172
6200
6256
6368
6592
7040
7936
7936
8064
6592
6368
6256
6200
6172
15372

2進数	10進数	ドット絵
0000 0000 0000 0000	0	□□□□□□□□□□□□□□□□
0000 0000 0000 0001	1	□□□□□□□□□□□□□□□■
0000 0000 0000 0010	2	□□□□□□□□□□□□□□■□
0000 0000 0000 0011	3	□□□□□□□□□□□□□□■■
0000 0000 0000 0100	4	□□□□□□□□□□□□□■□□
0000 0000 0000 0101	5	□□□□□□□□□□□□□■□■
0000 0000 0000 0110	6	□□□□□□□□□□□□□■■□
0000 0000 0000 0111	7	□□□□□□□□□□□□□■■■
0000 0000 0000 1000	8	□□□□□□□□□□□□■□□□
0000 0000 0000 1001	9	□□□□□□□□□□□□■□□■
0000 0000 0000 1010	10	□□□□□□□□□□□□■□■□
0000 0000 0000 1011	11	□□□□□□□□□□□□■□■■
0000 0000 0000 1100	12	□□□□□□□□□□□□■■□□
0000 0000 0000 1101	13	□□□□□□□□□□□□■■□■
0000 0000 0000 1110	14	□□□□□□□□□□□□■■■□
0000 0000 0000 1111	15	□□□□□□□□□□□□■■■■
0000 0000 0001 0000	16	□□□□□□□□□□□■□□□□
0000 0000 0010 0000	32	□□□□□□□□□□■□□□□□
0000 0000 0100 0000	64	□□□□□□□□□■□□□□□□
0000 0000 1000 0000	128	□□□□□□□□■□□□□□□□
0000 0001 0000 0000	256	□□□□□□□■□□□□□□□□
0000 0010 0000 0000	512	□□□□□□■□□□□□□□□□
0000 0100 0000 0000	1024	□□□□□■□□□□□□□□□□
0000 1000 0000 0000	2048	□□□□■□□□□□□□□□□□
0001 0000 0000 0000	4096	□□□■□□□□□□□□□□□□
0010 0000 0000 0000	8192	□□■□□□□□□□□□□□□□
0100 0000 0000 0000	16384	□■□□□□□□□□□□□□□□
1000 0000 0000 0000	32768	■□□□□□□□□□□□□□□□

【4-2】「10進数」から「ドット絵」にしたサンプル

「コップ」

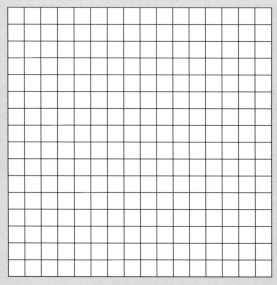

「K」

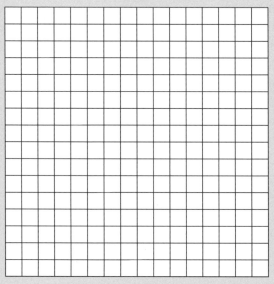

第4章 「10進数」で「ドット絵」を描く

表 「2進数」と「10進数」と「ドット絵」の対応表

2進数	10進数	ドット絵
0000 0000 0000 0000	0	□□□□□□□□□□□□□□□□
0000 0000 0000 0001	1	□□□□□□□□□□□□□□□■
0000 0000 0000 0010	2	□□□□□□□□□□□□□□■□
0000 0000 0000 0011	3	□□□□□□□□□□□□□□■■
0000 0000 0000 0100	4	□□□□□□□□□□□□□■□□
0000 0000 0000 0101	5	□□□□□□□□□□□□□■□■
0000 0000 0000 0110	6	□□□□□□□□□□□□□■■□
0000 0000 0000 0111	7	□□□□□□□□□□□□□■■■
0000 0000 0000 1000	8	□□□□□□□□□□□□■□□□
0000 0000 0000 1001	9	□□□□□□□□□□□□■□□■
0000 0000 0000 1010	10	□□□□□□□□□□□□■□■□
0000 0000 0000 1011	11	□□□□□□□□□□□□■□■■
0000 0000 0000 1100	12	□□□□□□□□□□□□■■□□
0000 0000 0000 1101	13	□□□□□□□□□□□□■■□■
0000 0000 0000 1110	14	□□□□□□□□□□□□■■■□
0000 0000 0000 1111	15	□□□□□□□□□□□□■■■■
0000 0000 0001 0000	16	□□□□□□□□□□□■□□□□
0000 0000 0010 0000	32	□□□□□□□□□□■□□□□□
0000 0000 0100 0000	64	□□□□□□□□□■□□□□□□
0000 0000 1000 0000	128	□□□□□□□□■□□□□□□□
0000 0001 0000 0000	256	□□□□□□□■□□□□□□□□
0000 0010 0000 0000	512	□□□□□□■□□□□□□□□□
0000 0100 0000 0000	1024	□□□□□■□□□□□□□□□□
0000 1000 0000 0000	2048	□□□□■□□□□□□□□□□□
0001 0000 0000 0000	4096	□□□■□□□□□□□□□□□□
0010 0000 0000 0000	8192	□□■□□□□□□□□□□□□□
0100 0000 0000 0000	16384	□■□□□□□□□□□□□□□□
1000 0000 0000 0000	32768	■□□□□□□□□□□□□□□□

上記の表を使って、「10進数」を「2進数」に変換しています。

【4-2】「10進数」から「ドット絵」にしたサンプル

■ 第4-3問の答 「コップ」

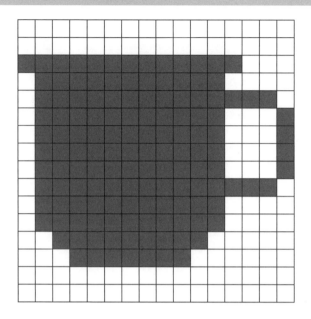

■ 第4-4問の答 「K」

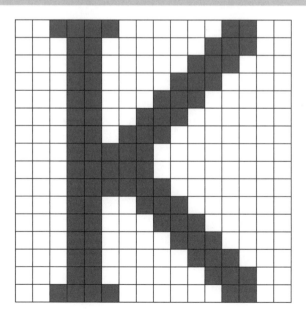

第4章 「10進数」で「ドット絵」を描く

■ 問4-5, 4-6 「5」「チェック模様」

【4-5】
8184
8184
6144
6144
6144
6144
6144
8160
8176
56
24
24
24
6200
8176
4064

【4-6】
43690
21845
43690
21845
43690
21845
43690
21845
43690
21845
43690
21845
43690
21845
43690
21845

2進数	10進数	ドット絵
0000 0000 0000 0000	0	□□□□□□□□□□□□□□□□
0000 0000 0000 0001	1	□□□□□□□□□□□□□□□■
0000 0000 0000 0010	2	□□□□□□□□□□□□□□■□
0000 0000 0000 0011	3	□□□□□□□□□□□□□□■■
0000 0000 0000 0100	4	□□□□□□□□□□□□□■□□
0000 0000 0000 0101	5	□□□□□□□□□□□□□■□■
0000 0000 0000 0110	6	□□□□□□□□□□□□□■■□
0000 0000 0000 0111	7	□□□□□□□□□□□□□■■■
0000 0000 0000 1000	8	□□□□□□□□□□□□■□□□
0000 0000 0000 1001	9	□□□□□□□□□□□□■□□■
0000 0000 0000 1010	10	□□□□□□□□□□□□■□■□
0000 0000 0000 1011	11	□□□□□□□□□□□□■□■■
0000 0000 0000 1100	12	□□□□□□□□□□□□■■□□
0000 0000 0000 1101	13	□□□□□□□□□□□□■■□■
0000 0000 0000 1110	14	□□□□□□□□□□□□■■■□
0000 0000 0000 1111	15	□□□□□□□□□□□□■■■■
0000 0000 0001 0000	16	□□□□□□□□□□□■□□□□
0000 0000 0010 0000	32	□□□□□□□□□□■□□□□□
0000 0000 0100 0000	64	□□□□□□□□□■□□□□□□
0000 0000 1000 0000	128	□□□□□□□□■□□□□□□□
0000 0001 0000 0000	256	□□□□□□□■□□□□□□□□
0000 0010 0000 0000	512	□□□□□□■□□□□□□□□□
0000 0100 0000 0000	1024	□□□□□■□□□□□□□□□□
0000 1000 0000 0000	2048	□□□□■□□□□□□□□□□□
0001 0000 0000 0000	4096	□□□■□□□□□□□□□□□□
0010 0000 0000 0000	8192	□□■□□□□□□□□□□□□□
0100 0000 0000 0000	16384	□■□□□□□□□□□□□□□□
1000 0000 0000 0000	32768	■□□□□□□□□□□□□□□□

【4-2】「10進数」から「ドット絵」にしたサンプル

「5」

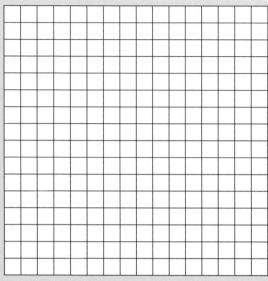

「チェック模様」

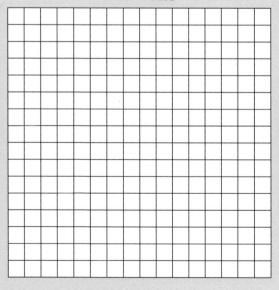

第4章　「10進数」で「ドット絵」を描く

表　「2進数」と「10進数」と「ドット絵」の対応表

2進数	10進数	ドット絵
0000 0000 0000 0000	0	□□□□□□□□□□□□□□□□
0000 0000 0000 0001	1	□□□□□□□□□□□□□□□■
0000 0000 0000 0010	2	□□□□□□□□□□□□□□■□
0000 0000 0000 0011	3	□□□□□□□□□□□□□□■■
0000 0000 0000 0100	4	□□□□□□□□□□□□□■□□
0000 0000 0000 0101	5	□□□□□□□□□□□□□■□■
0000 0000 0000 0110	6	□□□□□□□□□□□□□■■□
0000 0000 0000 0111	7	□□□□□□□□□□□□□■■■
0000 0000 0000 1000	8	□□□□□□□□□□□□■□□□
0000 0000 0000 1001	9	□□□□□□□□□□□□■□□■
0000 0000 0000 1010	10	□□□□□□□□□□□□■□■□
0000 0000 0000 1011	11	□□□□□□□□□□□□■□■■
0000 0000 0000 1100	12	□□□□□□□□□□□□■■□□
0000 0000 0000 1101	13	□□□□□□□□□□□□■■□■
0000 0000 0000 1110	14	□□□□□□□□□□□□■■■□
0000 0000 0000 1111	15	□□□□□□□□□□□□■■■■
0000 0000 0001 0000	16	□□□□□□□□□□□■□□□□
0000 0000 0010 0000	32	□□□□□□□□□□■□□□□□
0000 0000 0100 0000	64	□□□□□□□□□■□□□□□□
0000 0000 1000 0000	128	□□□□□□□□■□□□□□□□
0000 0001 0000 0000	256	□□□□□□□■□□□□□□□□
0000 0010 0000 0000	512	□□□□□□■□□□□□□□□□
0000 0100 0000 0000	1024	□□□□□■□□□□□□□□□□
0000 1000 0000 0000	2048	□□□□■□□□□□□□□□□□
0001 0000 0000 0000	4096	□□□■□□□□□□□□□□□□
0010 0000 0000 0000	8192	□□■□□□□□□□□□□□□□
0100 0000 0000 0000	16384	□■□□□□□□□□□□□□□□
1000 0000 0000 0000	32768	■□□□□□□□□□□□□□□□

上記の表を使って、「10進数」を「2進数」に変換しています。

【4-2】「10進数」から「ドット絵」にしたサンプル

■ 第4-5問の答 「5」

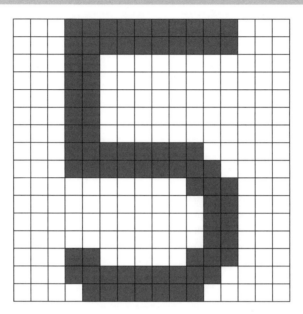

■ 第4-6問の答 「チェック模様」

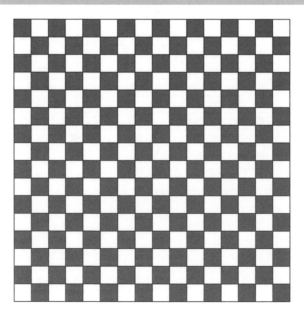

第4章 「10進数」で「ドット絵」を描く

■ 問4-7, 4-8 「ドクロ」「カバン」

【4-7】
992
3096
4100
9778
12154
12154
9778
4100
4100
2056
2728
2728
4088
2728
2728
2032

【4-8】
0
960
1056
2064
2064
2064
65535
65535
65535
65535
65535
65535
65535
32766
0

2進数	10進数	ドット絵
0000 0000 0000 0000	0	□□□□□□□□□□□□□□□□
0000 0000 0000 0001	1	□□□□□□□□□□□□□□□■
0000 0000 0000 0010	2	□□□□□□□□□□□□□□■□
0000 0000 0000 0011	3	□□□□□□□□□□□□□□■■
0000 0000 0000 0100	4	□□□□□□□□□□□□□■□□
0000 0000 0000 0101	5	□□□□□□□□□□□□□■□■
0000 0000 0000 0110	6	□□□□□□□□□□□□□■■□
0000 0000 0000 0111	7	□□□□□□□□□□□□□■■■
0000 0000 0000 1000	8	□□□□□□□□□□□□■□□□
0000 0000 0000 1001	9	□□□□□□□□□□□□■□□■
0000 0000 0000 1010	10	□□□□□□□□□□□□■□■□
0000 0000 0000 1011	11	□□□□□□□□□□□□■□■■
0000 0000 0000 1100	12	□□□□□□□□□□□□■■□□
0000 0000 0000 1101	13	□□□□□□□□□□□□■■□■
0000 0000 0000 1110	14	□□□□□□□□□□□□■■■□
0000 0000 0000 1111	15	□□□□□□□□□□□□■■■■
0000 0000 0001 0000	16	□□□□□□□□□□□■□□□□
0000 0000 0010 0000	32	□□□□□□□□□□■□□□□□
0000 0000 0100 0000	64	□□□□□□□□□■□□□□□□
0000 0000 1000 0000	128	□□□□□□□□■□□□□□□□
0000 0001 0000 0000	256	□□□□□□□■□□□□□□□□
0000 0010 0000 0000	512	□□□□□□■□□□□□□□□□
0000 0100 0000 0000	1024	□□□□□■□□□□□□□□□□
0000 1000 0000 0000	2048	□□□□■□□□□□□□□□□□
0001 0000 0000 0000	4096	□□□■□□□□□□□□□□□□
0010 0000 0000 0000	8192	□□■□□□□□□□□□□□□□
0100 0000 0000 0000	16384	□■□□□□□□□□□□□□□□
1000 0000 0000 0000	32768	■□□□□□□□□□□□□□□□

[4-2] 「10進数」から「ドット絵」にしたサンプル

「ドクロ」

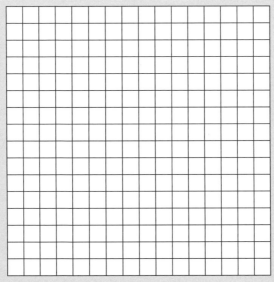

「カバン」

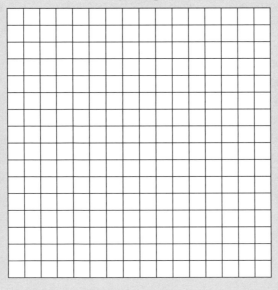

第4章 「10進数」で「ドット絵」を描く

表 「2進数」と「10進数」と「ドット絵」の対応表

2進数	10進数	ドット絵
0000 0000 0000 0000	0	□□□□□□□□□□□□□□□□
0000 0000 0000 0001	1	□□□□□□□□□□□□□□□■
0000 0000 0000 0010	2	□□□□□□□□□□□□□□■□
0000 0000 0000 0011	3	□□□□□□□□□□□□□□■■
0000 0000 0000 0100	4	□□□□□□□□□□□□□■□□
0000 0000 0000 0101	5	□□□□□□□□□□□□□■□■
0000 0000 0000 0110	6	□□□□□□□□□□□□□■■□
0000 0000 0000 0111	7	□□□□□□□□□□□□□■■■
0000 0000 0000 1000	8	□□□□□□□□□□□□■□□□
0000 0000 0000 1001	9	□□□□□□□□□□□□■□□■
0000 0000 0000 1010	10	□□□□□□□□□□□□■□■□
0000 0000 0000 1011	11	□□□□□□□□□□□□■□■■
0000 0000 0000 1100	12	□□□□□□□□□□□□■■□□
0000 0000 0000 1101	13	□□□□□□□□□□□□■■□■
0000 0000 0000 1110	14	□□□□□□□□□□□□■■■□
0000 0000 0000 1111	15	□□□□□□□□□□□□■■■■
0000 0000 0001 0000	16	□□□□□□□□□□□■□□□□
0000 0000 0010 0000	32	□□□□□□□□□□■□□□□□
0000 0000 0100 0000	64	□□□□□□□□□■□□□□□□
0000 0000 1000 0000	128	□□□□□□□□■□□□□□□□
0000 0001 0000 0000	256	□□□□□□□■□□□□□□□□
0000 0010 0000 0000	512	□□□□□□■□□□□□□□□□
0000 0100 0000 0000	1024	□□□□□■□□□□□□□□□□
0000 1000 0000 0000	2048	□□□□■□□□□□□□□□□□
0001 0000 0000 0000	4096	□□□■□□□□□□□□□□□□
0010 0000 0000 0000	8192	□□■□□□□□□□□□□□□□
0100 0000 0000 0000	16384	□■□□□□□□□□□□□□□□
1000 0000 0000 0000	32768	■□□□□□□□□□□□□□□□

上記の表を使って、「10進数」を「2進数」に変換しています。

[4-2] 「10進数」から「ドット絵」にしたサンプル

■第4-7問の答 「ドクロ」

■第4-8問の答 「カバン」

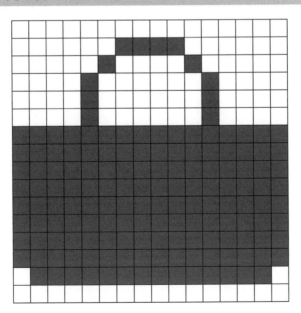

第4章 「10進数」で「ドット絵」を描く

■ 問4-9, 4-10 「三日月」「キノコ」

	2進数	10進数	ドット絵
【4-9】			
960	0000 0000 0000 0000	0	□□□□□□□□□□□□□□□□
240	0000 0000 0000 0001	1	□□□□□□□□□□□□□□□■
120	0000 0000 0000 0010	2	□□□□□□□□□□□□□□■□
60	0000 0000 0000 0011	3	□□□□□□□□□□□□□□■■
62	0000 0000 0000 0100	4	□□□□□□□□□□□□□■□□
30	0000 0000 0000 0101	5	□□□□□□□□□□□□□■□■
32799	0000 0000 0000 0110	6	□□□□□□□□□□□□□■■□
32799	0000 0000 0000 0111	7	□□□□□□□□□□□□□■■■
49215	0000 0000 0000 1000	8	□□□□□□□□□□□□■□□□
57407	0000 0000 0000 1001	9	□□□□□□□□□□□□■□□■
30974	0000 0000 0000 1010	10	□□□□□□□□□□□□■□■□
32766	0000 0000 0000 1011	11	□□□□□□□□□□□□■□■■
16380	0000 0000 0000 1100	12	□□□□□□□□□□□□■■□□
8184	0000 0000 0000 1101	13	□□□□□□□□□□□□■■□■
4080	0000 0000 0000 1110	14	□□□□□□□□□□□□■■■□
960	0000 0000 0000 1111	15	□□□□□□□□□□□□■■■■
【4-10】			
960	0000 0000 0001 0000	16	□□□□□□□□□□□■□□□□
4080	0000 0000 0010 0000	32	□□□□□□□□□□■□□□□□
8184	0000 0000 0100 0000	64	□□□□□□□□□■□□□□□□
16380	0000 0000 1000 0000	128	□□□□□□□□■□□□□□□□
32766	0000 0001 0000 0000	256	□□□□□□□■□□□□□□□□
65535	0000 0010 0000 0000	512	□□□□□□■□□□□□□□□□
65535	0000 0100 0000 0000	1024	□□□□□■□□□□□□□□□□
65535	0000 1000 0000 0000	2048	□□□□■□□□□□□□□□□□
65535	0001 0000 0000 0000	4096	□□□■□□□□□□□□□□□□
32766	0010 0000 0000 0000	8192	□□■□□□□□□□□□□□□□
1056	0100 0000 0000 0000	16384	□■□□□□□□□□□□□□□□
2064	1000 0000 0000 0000	32768	■□□□□□□□□□□□□□□□
2064			
4104			
4104			
4080			

【4-2】「10進数」から「ドット絵」にしたサンプル

「三日月」

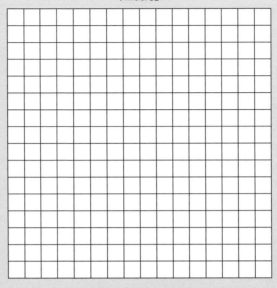

「キノコ」

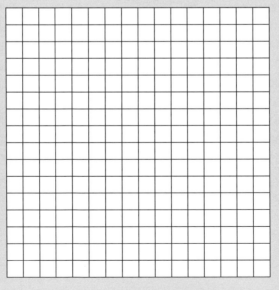

第4章　「10進数」で「ドット絵」を描く

表　「2進数」と「10進数」と「ドット絵」の対応表

2進数	10進数	ドット絵
0000 0000 0000 0000	0	□□□□□□□□□□□□□□□□
0000 0000 0000 0001	1	□□□□□□□□□□□□□□□■
0000 0000 0000 0010	2	□□□□□□□□□□□□□□■□
0000 0000 0000 0011	3	□□□□□□□□□□□□□□■■
0000 0000 0000 0100	4	□□□□□□□□□□□□□■□□
0000 0000 0000 0101	5	□□□□□□□□□□□□□■□■
0000 0000 0000 0110	6	□□□□□□□□□□□□□■■□
0000 0000 0000 0111	7	□□□□□□□□□□□□□■■■
0000 0000 0000 1000	8	□□□□□□□□□□□□■□□□
0000 0000 0000 1001	9	□□□□□□□□□□□□■□□■
0000 0000 0000 1010	10	□□□□□□□□□□□□■□■□
0000 0000 0000 1011	11	□□□□□□□□□□□□■□■■
0000 0000 0000 1100	12	□□□□□□□□□□□□■■□□
0000 0000 0000 1101	13	□□□□□□□□□□□□■■□■
0000 0000 0000 1110	14	□□□□□□□□□□□□■■■□
0000 0000 0000 1111	15	□□□□□□□□□□□□■■■■
0000 0000 0001 0000	16	□□□□□□□□□□□■□□□□
0000 0000 0010 0000	32	□□□□□□□□□□■□□□□□
0000 0000 0100 0000	64	□□□□□□□□□■□□□□□□
0000 0000 1000 0000	128	□□□□□□□□■□□□□□□□
0000 0001 0000 0000	256	□□□□□□□■□□□□□□□□
0000 0010 0000 0000	512	□□□□□□■□□□□□□□□□
0000 0100 0000 0000	1024	□□□□□■□□□□□□□□□□
0000 1000 0000 0000	2048	□□□□■□□□□□□□□□□□
0001 0000 0000 0000	4096	□□□■□□□□□□□□□□□□
0010 0000 0000 0000	8192	□□■□□□□□□□□□□□□□
0100 0000 0000 0000	16384	□■□□□□□□□□□□□□□□
1000 0000 0000 0000	32768	■□□□□□□□□□□□□□□□

上記の表を使って、「10進数」を「2進数」に変換しています。

[4-2] 「10進数」から「ドット絵」にしたサンプル

■ 第4-9問の答 「三日月」

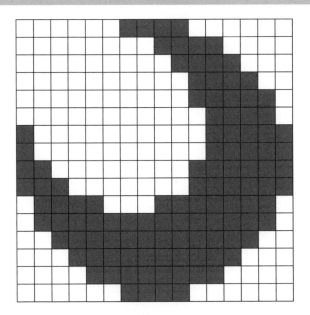

■ 第4-10問の答 「キノコ」

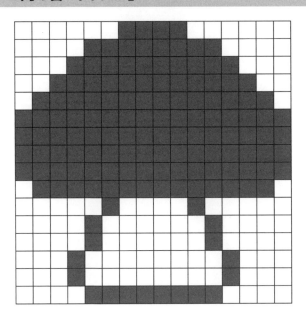

第4章 「10進数」で「ドット絵」を描く

■ 問4-11, 4-12 「チューリップ」「靴」

【4-11】	
6552	
4080	
4080	
4080	
4080	
4080	
2016	
49539	
57735	
29070	
31134	
15804	
8184	
2016	
960	
【4-12】	
4094	
2044	
1020	
1020	
1020	
508	
508	
508	
1660	
8124	
16348	
32748	
32748	
32764	
32764	
32764	

2進数	10進数	ドット絵
0000 0000 0000 0000	0	□□□□□□□□□□□□□□□□
0000 0000 0000 0001	1	□□□□□□□□□□□□□□□■
0000 0000 0000 0010	2	□□□□□□□□□□□□□□■□
0000 0000 0000 0011	3	□□□□□□□□□□□□□□■■
0000 0000 0000 0100	4	□□□□□□□□□□□□□■□□
0000 0000 0000 0101	5	□□□□□□□□□□□□□■□■
0000 0000 0000 0110	6	□□□□□□□□□□□□□■■□
0000 0000 0000 0111	7	□□□□□□□□□□□□□■■■
0000 0000 0000 1000	8	□□□□□□□□□□□□■□□□
0000 0000 0000 1001	9	□□□□□□□□□□□□■□□■
0000 0000 0000 1010	10	□□□□□□□□□□□□■□■□
0000 0000 0000 1011	11	□□□□□□□□□□□□■□■■
0000 0000 0000 1100	12	□□□□□□□□□□□□■■□□
0000 0000 0000 1101	13	□□□□□□□□□□□□■■□■
0000 0000 0000 1110	14	□□□□□□□□□□□□■■■□
0000 0000 0000 1111	15	□□□□□□□□□□□□■■■■
0000 0000 0001 0000	16	□□□□□□□□□□□■□□□□
0000 0000 0010 0000	32	□□□□□□□□□□■□□□□□
0000 0000 0100 0000	64	□□□□□□□□□■□□□□□□
0000 0000 1000 0000	128	□□□□□□□□■□□□□□□□
0000 0001 0000 0000	256	□□□□□□□■□□□□□□□□
0000 0010 0000 0000	512	□□□□□□■□□□□□□□□□
0000 0100 0000 0000	1024	□□□□□■□□□□□□□□□□
0000 1000 0000 0000	2048	□□□□■□□□□□□□□□□□
0001 0000 0000 0000	4096	□□□■□□□□□□□□□□□□
0010 0000 0000 0000	8192	□□■□□□□□□□□□□□□□
0100 0000 0000 0000	16384	□■□□□□□□□□□□□□□□
1000 0000 0000 0000	32768	■□□□□□□□□□□□□□□□

[4-2] 「10進数」から「ドット絵」にしたサンプル

「チューリップ」

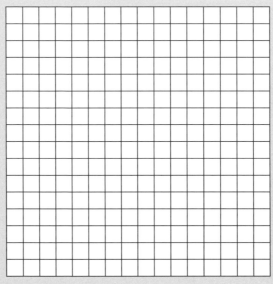

「靴」

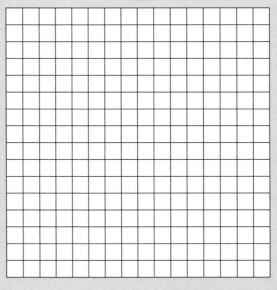

10進数

第4章　「10進数」で「ドット絵」を描く

表　「2進数」と「10進数」と「ドット絵」の対応表

2進数	10進数	ドット絵
0000 0000 0000 0000	0	□□□□□□□□□□□□□□□□
0000 0000 0000 0001	1	□□□□□□□□□□□□□□□■
0000 0000 0000 0010	2	□□□□□□□□□□□□□□■□
0000 0000 0000 0011	3	□□□□□□□□□□□□□□■■
0000 0000 0000 0100	4	□□□□□□□□□□□□□■□□
0000 0000 0000 0101	5	□□□□□□□□□□□□□■□■
0000 0000 0000 0110	6	□□□□□□□□□□□□□■■□
0000 0000 0000 0111	7	□□□□□□□□□□□□□■■■
0000 0000 0000 1000	8	□□□□□□□□□□□□■□□□
0000 0000 0000 1001	9	□□□□□□□□□□□□■□□■
0000 0000 0000 1010	10	□□□□□□□□□□□□■□■□
0000 0000 0000 1011	11	□□□□□□□□□□□□■□■■
0000 0000 0000 1100	12	□□□□□□□□□□□□■■□□
0000 0000 0000 1101	13	□□□□□□□□□□□□■■□■
0000 0000 0000 1110	14	□□□□□□□□□□□□■■■□
0000 0000 0000 1111	15	□□□□□□□□□□□□■■■■
0000 0000 0001 0000	16	□□□□□□□□□□□■□□□□
0000 0000 0010 0000	32	□□□□□□□□□□■□□□□□
0000 0000 0100 0000	64	□□□□□□□□□■□□□□□□
0000 0000 1000 0000	128	□□□□□□□□■□□□□□□□
0000 0001 0000 0000	256	□□□□□□□■□□□□□□□□
0000 0010 0000 0000	512	□□□□□□■□□□□□□□□□
0000 0100 0000 0000	1024	□□□□□■□□□□□□□□□□
0000 1000 0000 0000	2048	□□□□■□□□□□□□□□□□
0001 0000 0000 0000	4096	□□□■□□□□□□□□□□□□
0010 0000 0000 0000	8192	□□■□□□□□□□□□□□□□
0100 0000 0000 0000	16384	□■□□□□□□□□□□□□□□
1000 0000 0000 0000	32768	■□□□□□□□□□□□□□□□

上記の表を使って、「10進数」を「2進数」に変換しています。

【4-2】「10進数」から「ドット絵」にしたサンプル

■ 第4-11問の答 「チューリップ」

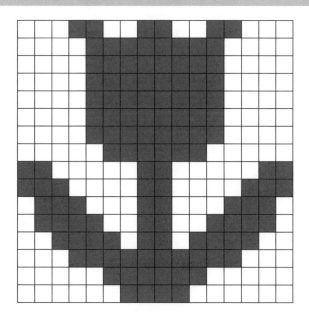

■ 第4-12問の答 「靴」

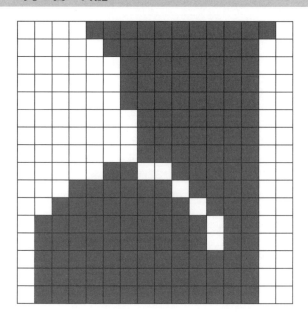

第4章 「10進数」で「ドット絵」を描く

■ 問4-13, 4-14 「風船」「USBメモリ」

【4-13】
1984
4064
7280
14840
13304
14328
14328
14328
8176
8176
4064
1984
256
256
256
192

【4-14】
0
0
0
0
16383
16383
65535
49151
49151
65535
16383
16383
0
0
0
0

2進数	10進数	ドット絵
0000 0000 0000 0000	0	□□□□□□□□□□□□□□□□
0000 0000 0000 0001	1	□□□□□□□□□□□□□□□■
0000 0000 0000 0010	2	□□□□□□□□□□□□□□■□
0000 0000 0000 0011	3	□□□□□□□□□□□□□□■■
0000 0000 0000 0100	4	□□□□□□□□□□□□□■□□
0000 0000 0000 0101	5	□□□□□□□□□□□□□■□■
0000 0000 0000 0110	6	□□□□□□□□□□□□□■■□
0000 0000 0000 0111	7	□□□□□□□□□□□□□■■■
0000 0000 0000 1000	8	□□□□□□□□□□□□■□□□
0000 0000 0000 1001	9	□□□□□□□□□□□□■□□■
0000 0000 0000 1010	10	□□□□□□□□□□□□■□■□
0000 0000 0000 1011	11	□□□□□□□□□□□□■□■■
0000 0000 0000 1100	12	□□□□□□□□□□□□■■□□
0000 0000 0000 1101	13	□□□□□□□□□□□□■■□■
0000 0000 0000 1110	14	□□□□□□□□□□□□■■■□
0000 0000 0000 1111	15	□□□□□□□□□□□□■■■■
0000 0000 0001 0000	16	□□□□□□□□□□□■□□□□
0000 0000 0010 0000	32	□□□□□□□□□□■□□□□□
0000 0000 0100 0000	64	□□□□□□□□□■□□□□□□
0000 0000 1000 0000	128	□□□□□□□□■□□□□□□□
0000 0001 0000 0000	256	□□□□□□□■□□□□□□□□
0000 0010 0000 0000	512	□□□□□□■□□□□□□□□□
0000 0100 0000 0000	1024	□□□□□■□□□□□□□□□□
0000 1000 0000 0000	2048	□□□□■□□□□□□□□□□□
0001 0000 0000 0000	4096	□□□■□□□□□□□□□□□□
0010 0000 0000 0000	8192	□□■□□□□□□□□□□□□□
0100 0000 0000 0000	16384	□■□□□□□□□□□□□□□□
1000 0000 0000 0000	32768	■□□□□□□□□□□□□□□□

【4-2】「10進数」から「ドット絵」にしたサンプル

「風船」

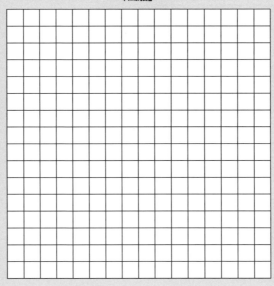

「USBメモリ」

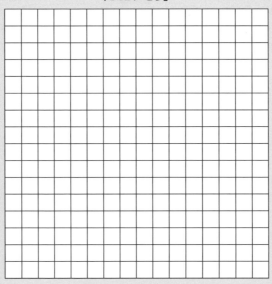

10進数

第4章　「10進数」で「ドット絵」を描く

表　「2進数」と「10進数」と「ドット絵」の対応表

2進数	10進数	ドット絵
0000 0000 0000 0000	0	□□□□□□□□□□□□□□□□
0000 0000 0000 0001	1	□□□□□□□□□□□□□□□■
0000 0000 0000 0010	2	□□□□□□□□□□□□□□■□
0000 0000 0000 0011	3	□□□□□□□□□□□□□□■■
0000 0000 0000 0100	4	□□□□□□□□□□□□□■□□
0000 0000 0000 0101	5	□□□□□□□□□□□□□■□■
0000 0000 0000 0110	6	□□□□□□□□□□□□□■■□
0000 0000 0000 0111	7	□□□□□□□□□□□□□■■■
0000 0000 0000 1000	8	□□□□□□□□□□□□■□□□
0000 0000 0000 1001	9	□□□□□□□□□□□□■□□■
0000 0000 0000 1010	10	□□□□□□□□□□□□■□■□
0000 0000 0000 1011	11	□□□□□□□□□□□□■□■■
0000 0000 0000 1100	12	□□□□□□□□□□□□■■□□
0000 0000 0000 1101	13	□□□□□□□□□□□□■■□■
0000 0000 0000 1110	14	□□□□□□□□□□□□■■■□
0000 0000 0000 1111	15	□□□□□□□□□□□□■■■■
0000 0000 0001 0000	16	□□□□□□□□□□□■□□□□
0000 0000 0010 0000	32	□□□□□□□□□□■□□□□□
0000 0000 0100 0000	64	□□□□□□□□□■□□□□□□
0000 0000 1000 0000	128	□□□□□□□□■□□□□□□□
0000 0001 0000 0000	256	□□□□□□□■□□□□□□□□
0000 0010 0000 0000	512	□□□□□□■□□□□□□□□□
0000 0100 0000 0000	1024	□□□□□■□□□□□□□□□□
0000 1000 0000 0000	2048	□□□□■□□□□□□□□□□□
0001 0000 0000 0000	4096	□□□■□□□□□□□□□□□□
0010 0000 0000 0000	8192	□□■□□□□□□□□□□□□□
0100 0000 0000 0000	16384	□■□□□□□□□□□□□□□□
1000 0000 0000 0000	32768	■□□□□□□□□□□□□□□□

上記の表を使って、「10進数」を「2進数」に変換しています。

[4-2] 「10進数」から「ドット絵」にしたサンプル

■ 第4-13問の答 「風船」

■ 第4-14問の答 「USBメモリ」

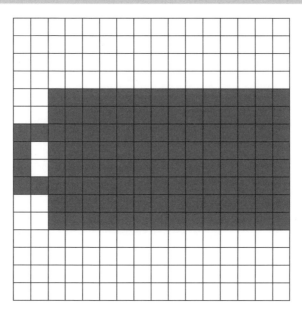

第4章 「10進数」で「ドット絵」を描く

■問4-15, 4-16 「ギンガムチェック」「雷」

【4-15】
2570
1285
2570
1285
44975
24415
44975
24415
2570
1285
2570
1285
44975
24415
44975
24415

【4-16】
16
48
112
224
480
960
1920
4088
8176
480
960
1920
1792
3584
3072
2048

2進数	10進数	ドット絵
0000 0000 0000 0000	0	□□□□□□□□□□□□□□□□
0000 0000 0000 0001	1	□□□□□□□□□□□□□□□■
0000 0000 0000 0010	2	□□□□□□□□□□□□□□■□
0000 0000 0000 0011	3	□□□□□□□□□□□□□□■■
0000 0000 0000 0100	4	□□□□□□□□□□□□□■□□
0000 0000 0000 0101	5	□□□□□□□□□□□□□■□■
0000 0000 0000 0110	6	□□□□□□□□□□□□□■■□
0000 0000 0000 0111	7	□□□□□□□□□□□□□■■■
0000 0000 0000 1000	8	□□□□□□□□□□□□■□□□
0000 0000 0000 1001	9	□□□□□□□□□□□□■□□■
0000 0000 0000 1010	10	□□□□□□□□□□□□■□■□
0000 0000 0000 1011	11	□□□□□□□□□□□□■□■■
0000 0000 0000 1100	12	□□□□□□□□□□□□■■□□
0000 0000 0000 1101	13	□□□□□□□□□□□□■■□■
0000 0000 0000 1110	14	□□□□□□□□□□□□■■■□
0000 0000 0000 1111	15	□□□□□□□□□□□□■■■■
0000 0000 0001 0000	16	□□□□□□□□□□□■□□□□
0000 0000 0010 0000	32	□□□□□□□□□□■□□□□□
0000 0000 0100 0000	64	□□□□□□□□□■□□□□□□
0000 0000 1000 0000	128	□□□□□□□□■□□□□□□□
0000 0001 0000 0000	256	□□□□□□□■□□□□□□□□
0000 0010 0000 0000	512	□□□□□□■□□□□□□□□□
0000 0100 0000 0000	1024	□□□□□■□□□□□□□□□□
0000 1000 0000 0000	2048	□□□□■□□□□□□□□□□□
0001 0000 0000 0000	4096	□□□■□□□□□□□□□□□□
0010 0000 0000 0000	8192	□□■□□□□□□□□□□□□□
0100 0000 0000 0000	16384	□■□□□□□□□□□□□□□□
1000 0000 0000 0000	32768	■□□□□□□□□□□□□□□□

【4-2】「10進数」から「ドット絵」にしたサンプル

「ギンガムチェック」

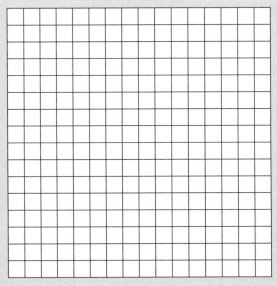

「雷」

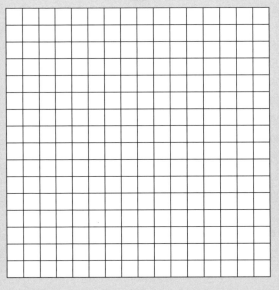

第4章 「10進数」で「ドット絵」を描く

表 「2進数」と「10進数」と「ドット絵」の対応表

2進数	10進数	ドット絵
0000 0000 0000 0000	0	□□□□□□□□□□□□□□□□
0000 0000 0000 0001	1	□□□□□□□□□□□□□□□■
0000 0000 0000 0010	2	□□□□□□□□□□□□□□■□
0000 0000 0000 0011	3	□□□□□□□□□□□□□□■■
0000 0000 0000 0100	4	□□□□□□□□□□□□□■□□
0000 0000 0000 0101	5	□□□□□□□□□□□□□■□■
0000 0000 0000 0110	6	□□□□□□□□□□□□□■■□
0000 0000 0000 0111	7	□□□□□□□□□□□□□■■■
0000 0000 0000 1000	8	□□□□□□□□□□□□■□□□
0000 0000 0000 1001	9	□□□□□□□□□□□□■□□■
0000 0000 0000 1010	10	□□□□□□□□□□□□■□■□
0000 0000 0000 1011	11	□□□□□□□□□□□□■□■■
0000 0000 0000 1100	12	□□□□□□□□□□□□■■□□
0000 0000 0000 1101	13	□□□□□□□□□□□□■■□■
0000 0000 0000 1110	14	□□□□□□□□□□□□■■■□
0000 0000 0000 1111	15	□□□□□□□□□□□□■■■■
0000 0000 0001 0000	16	□□□□□□□□□□□■□□□□
0000 0000 0010 0000	32	□□□□□□□□□□■□□□□□
0000 0000 0100 0000	64	□□□□□□□□□■□□□□□□
0000 0000 1000 0000	128	□□□□□□□□■□□□□□□□
0000 0001 0000 0000	256	□□□□□□□■□□□□□□□□
0000 0010 0000 0000	512	□□□□□□■□□□□□□□□□
0000 0100 0000 0000	1024	□□□□□■□□□□□□□□□□
0000 1000 0000 0000	2048	□□□□■□□□□□□□□□□□
0001 0000 0000 0000	4096	□□□■□□□□□□□□□□□□
0010 0000 0000 0000	8192	□□■□□□□□□□□□□□□□
0100 0000 0000 0000	16384	□■□□□□□□□□□□□□□□
1000 0000 0000 0000	32768	■□□□□□□□□□□□□□□□

上記の表を使って、「10進数」を「2進数」に変換しています。

[4-2]「10進数」から「ドット絵」にしたサンプル

■ 第4-15問の答 「ギンガムチェック」

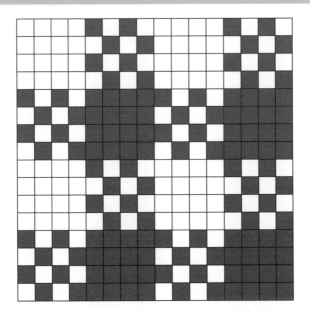

■ 第4-16問の答 「雷」

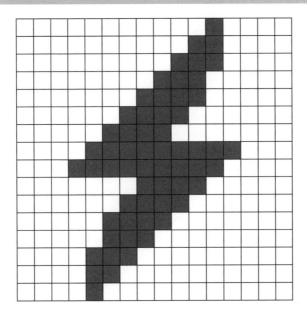

第4章 「10進数」で「ドット絵」を描く

問4-17,4-18 「マ」「傘」

【4-17】
0
0
65535
65535
14
28
56
3184
3808
1984
896
448
224
96
0
0
【4-18】
128
448
2032
4088
8188
8188
16382
32767
128
128
128
128
128
128
1152
768

2進数	10進数	ドット絵
0000 0000 0000 0000	0	□□□□□□□□□□□□□□□□
0000 0000 0000 0001	1	□□□□□□□□□□□□□□□■
0000 0000 0000 0010	2	□□□□□□□□□□□□□□■□
0000 0000 0000 0011	3	□□□□□□□□□□□□□□■■
0000 0000 0000 0100	4	□□□□□□□□□□□□□■□□
0000 0000 0000 0101	5	□□□□□□□□□□□□□■□■
0000 0000 0000 0110	6	□□□□□□□□□□□□□■■□
0000 0000 0000 0111	7	□□□□□□□□□□□□□■■■
0000 0000 0000 1000	8	□□□□□□□□□□□□■□□□
0000 0000 0000 1001	9	□□□□□□□□□□□□■□□■
0000 0000 0000 1010	10	□□□□□□□□□□□□■□■□
0000 0000 0000 1011	11	□□□□□□□□□□□□■□■■
0000 0000 0000 1100	12	□□□□□□□□□□□□■■□□
0000 0000 0000 1101	13	□□□□□□□□□□□□■■□■
0000 0000 0000 1110	14	□□□□□□□□□□□□■■■□
0000 0000 0000 1111	15	□□□□□□□□□□□□■■■■
0000 0000 0001 0000	16	□□□□□□□□□□□■□□□□
0000 0000 0010 0000	32	□□□□□□□□□□■□□□□□
0000 0000 0100 0000	64	□□□□□□□□□■□□□□□□
0000 0000 1000 0000	128	□□□□□□□□■□□□□□□□
0000 0001 0000 0000	256	□□□□□□□■□□□□□□□□
0000 0010 0000 0000	512	□□□□□□■□□□□□□□□□
0000 0100 0000 0000	1024	□□□□□■□□□□□□□□□□
0000 1000 0000 0000	2048	□□□□■□□□□□□□□□□□
0001 0000 0000 0000	4096	□□□■□□□□□□□□□□□□
0010 0000 0000 0000	8192	□□■□□□□□□□□□□□□□
0100 0000 0000 0000	16384	□■□□□□□□□□□□□□□□
1000 0000 0000 0000	32768	■□□□□□□□□□□□□□□□

[4-2]「10進数」から「ドット絵」にしたサンプル

「マ」

「傘」

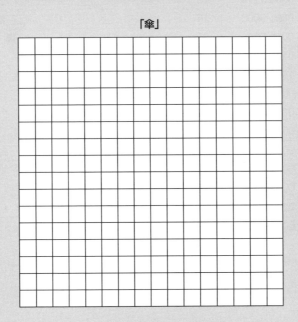

10進数

第4章 「10進数」で「ドット絵」を描く

表 「2進数」と「10進数」と「ドット絵」の対応表

2進数	10進数	ドット絵
0000 0000 0000 0000	0	□□□□□□□□□□□□□□□□
0000 0000 0000 0001	1	□□□□□□□□□□□□□□□■
0000 0000 0000 0010	2	□□□□□□□□□□□□□□■□
0000 0000 0000 0011	3	□□□□□□□□□□□□□□■■
0000 0000 0000 0100	4	□□□□□□□□□□□□□■□□
0000 0000 0000 0101	5	□□□□□□□□□□□□□■□■
0000 0000 0000 0110	6	□□□□□□□□□□□□□■■□
0000 0000 0000 0111	7	□□□□□□□□□□□□□■■■
0000 0000 0000 1000	8	□□□□□□□□□□□□■□□□
0000 0000 0000 1001	9	□□□□□□□□□□□□■□□■
0000 0000 0000 1010	10	□□□□□□□□□□□□■□■□
0000 0000 0000 1011	11	□□□□□□□□□□□□■□■■
0000 0000 0000 1100	12	□□□□□□□□□□□□■■□□
0000 0000 0000 1101	13	□□□□□□□□□□□□■■□■
0000 0000 0000 1110	14	□□□□□□□□□□□□■■■□
0000 0000 0000 1111	15	□□□□□□□□□□□□■■■■
0000 0000 0001 0000	16	□□□□□□□□□□□■□□□□
0000 0000 0010 0000	32	□□□□□□□□□□■□□□□□
0000 0000 0100 0000	64	□□□□□□□□□■□□□□□□
0000 0000 1000 0000	128	□□□□□□□□■□□□□□□□
0000 0001 0000 0000	256	□□□□□□□■□□□□□□□□
0000 0010 0000 0000	512	□□□□□□■□□□□□□□□□
0000 0100 0000 0000	1024	□□□□□■□□□□□□□□□□
0000 1000 0000 0000	2048	□□□□■□□□□□□□□□□□
0001 0000 0000 0000	4096	□□□■□□□□□□□□□□□□
0010 0000 0000 0000	8192	□□■□□□□□□□□□□□□□
0100 0000 0000 0000	16384	□■□□□□□□□□□□□□□□
1000 0000 0000 0000	32768	■□□□□□□□□□□□□□□□

上記の表を使って、「10進数」を「2進数」に変換しています。

[4-2] 「10進数」から「ドット絵」にしたサンプル

■ 第4-17問の答 「マ」

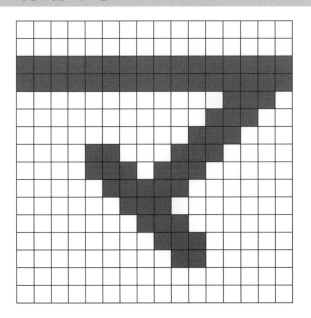

■ 第4-18問の答 「傘」

第4章 「10進数」で「ドット絵」を描く

問4-19、4-20 「サイコロの6の目」「車」

【4-19】
32766
32769
39993
39993
39993
32769
39993
39993
39993
32769
39993
39993
39993
32769
32766
0

【4-20】
0
0
1008
1144
2172
4220
12414
28798
32767
65535
51171
48093
43989
14364
0
0

2進数	10進数	ドット絵
0000 0000 0000 0000	0	□□□□□□□□□□□□□□□□
0000 0000 0000 0001	1	□□□□□□□□□□□□□□□■
0000 0000 0000 0010	2	□□□□□□□□□□□□□□■□
0000 0000 0000 0011	3	□□□□□□□□□□□□□□■■
0000 0000 0000 0100	4	□□□□□□□□□□□□□■□□
0000 0000 0000 0101	5	□□□□□□□□□□□□□■□■
0000 0000 0000 0110	6	□□□□□□□□□□□□□■■□
0000 0000 0000 0111	7	□□□□□□□□□□□□□■■■
0000 0000 0000 1000	8	□□□□□□□□□□□□■□□□
0000 0000 0000 1001	9	□□□□□□□□□□□□■□□■
0000 0000 0000 1010	10	□□□□□□□□□□□□■□■□
0000 0000 0000 1011	11	□□□□□□□□□□□□■□■■
0000 0000 0000 1100	12	□□□□□□□□□□□□■■□□
0000 0000 0000 1101	13	□□□□□□□□□□□□■■□■
0000 0000 0000 1110	14	□□□□□□□□□□□□■■■□
0000 0000 0000 1111	15	□□□□□□□□□□□□■■■■
0000 0000 0001 0000	16	□□□□□□□□□□□■□□□□
0000 0000 0010 0000	32	□□□□□□□□□□■□□□□□
0000 0000 0100 0000	64	□□□□□□□□□■□□□□□□
0000 0000 1000 0000	128	□□□□□□□□■□□□□□□□
0000 0001 0000 0000	256	□□□□□□□■□□□□□□□□
0000 0010 0000 0000	512	□□□□□□■□□□□□□□□□
0000 0100 0000 0000	1024	□□□□□■□□□□□□□□□□
0000 1000 0000 0000	2048	□□□□■□□□□□□□□□□□
0001 0000 0000 0000	4096	□□□■□□□□□□□□□□□□
0010 0000 0000 0000	8192	□□■□□□□□□□□□□□□□
0100 0000 0000 0000	16384	□■□□□□□□□□□□□□□□
1000 0000 0000 0000	32768	■□□□□□□□□□□□□□□□

【4-2】 「10進数」から「ドット絵」にしたサンプル

「サイコロの6の目」

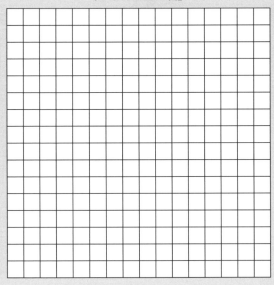

「車」

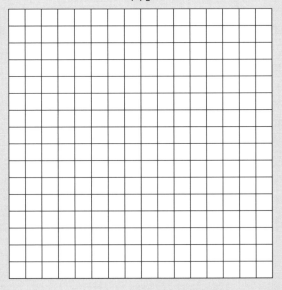

第4章 「10進数」で「ドット絵」を描く

表 「2進数」と「10進数」と「ドット絵」の対応表

2進数	10進数	ドット絵
0000 0000 0000 0000	0	□□□□□□□□□□□□□□□□
0000 0000 0000 0001	1	□□□□□□□□□□□□□□□■
0000 0000 0000 0010	2	□□□□□□□□□□□□□□■□
0000 0000 0000 0011	3	□□□□□□□□□□□□□□■■
0000 0000 0000 0100	4	□□□□□□□□□□□□□■□□
0000 0000 0000 0101	5	□□□□□□□□□□□□□■□■
0000 0000 0000 0110	6	□□□□□□□□□□□□□■■□
0000 0000 0000 0111	7	□□□□□□□□□□□□□■■■
0000 0000 0000 1000	8	□□□□□□□□□□□□■□□□
0000 0000 0000 1001	9	□□□□□□□□□□□□■□□■
0000 0000 0000 1010	10	□□□□□□□□□□□□■□■□
0000 0000 0000 1011	11	□□□□□□□□□□□□■□■■
0000 0000 0000 1100	12	□□□□□□□□□□□□■■□□
0000 0000 0000 1101	13	□□□□□□□□□□□□■■□■
0000 0000 0000 1110	14	□□□□□□□□□□□□■■■□
0000 0000 0000 1111	15	□□□□□□□□□□□□■■■■
0000 0000 0001 0000	16	□□□□□□□□□□□■□□□□
0000 0000 0010 0000	32	□□□□□□□□□□■□□□□□
0000 0000 0100 0000	64	□□□□□□□□□■□□□□□□
0000 0000 1000 0000	128	□□□□□□□□■□□□□□□□
0000 0001 0000 0000	256	□□□□□□□■□□□□□□□□
0000 0010 0000 0000	512	□□□□□□■□□□□□□□□□
0000 0100 0000 0000	1024	□□□□□■□□□□□□□□□□
0000 1000 0000 0000	2048	□□□□■□□□□□□□□□□□
0001 0000 0000 0000	4096	□□□■□□□□□□□□□□□□
0010 0000 0000 0000	8192	□□■□□□□□□□□□□□□□
0100 0000 0000 0000	16384	□■□□□□□□□□□□□□□□
1000 0000 0000 0000	32768	■□□□□□□□□□□□□□□□

上記の表を使って、「10進数」を「2進数」に変換しています。

【4-2】「10進数」から「ドット絵」にしたサンプル

■ 第4-19問の答　「サイコロの6の目」

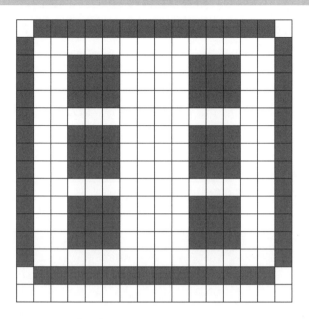

■ 第4-20問の答　「車」

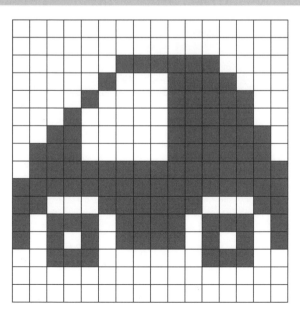

第4章　「10進数」で「ドット絵」を描く

> **Column**　3D-CGツール「Blender」
>
> 「ドット絵」が「2D-CG」なら、「3D-CG」は「立体」を描くことができます。
>
> 　絵の手法でいうと、「2D-CG」は"絵画的"ですが、「3D-CG」は"彫刻的"です。
> 　「3D-CG」とは言いますが、「3D-CG」を画像に出力すると、「2D」の絵となります。
>
> 　「3D-CG」で有名なフリーソフトでは、「Blender」があります。
>
> https://www.blender.org/
>
>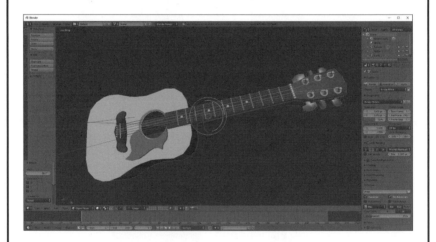
>
> 「2D-CG」に物足りなくなったら、「3D-CG」にも挑戦してみるといいでしょう。

第5章

「ランレングス法」で「ドット絵」を描く

この章では、「ランレングス圧縮」したデータを、解凍したデータをもとに「2進数」に変換し、ドットを「□」か「■」で埋めるドット絵を描きます。

第5章 「ランレングス法」で「ドット絵」を描く

5-1 「ランレングス圧縮」について

この節では、「ランレングス圧縮」について解説します。
「ランレングス」は、「アルファベット」と「10進数」の数で構成されています。
また、「ランレングス圧縮データ」と「ドット絵」の対応表を表わします。

■「ランレングス圧縮」とは

連続する「アルファベット」の数を数えて、データを圧縮するアルゴリズムで、たとえば、「zzzz」なら「z」が4個なので「z4」、という風に書きます。
逆に、「o6」を解凍すると、「o」が6個なので「oooooo」になります(**表5-1**)。

表5-1 「ランレングス圧縮」について

```
00000000111100000000000011111111
            ↓ 分解 ↓
zzzzzzzz        oooo       zzzzzzzzzzzz      oooooooo
(「z」が8個)  (「o」が4個)   (「z」が12個)    (「o」が8個)
   ↓            ↓              ↓                ↓
   z8           o4             z12              o8
            ↓ 圧縮 ↓
              z8o4z12o8
```

「z」は「zero」の頭文字で、「o」は「one」の頭文字です。
「ランレングス圧縮」されたデータの解凍方法は、表の「↓」を「↑」に——つまり、逆にしたらいいだけです。

■「ランレングス圧縮データ」と「ドット絵」の対応表

本書では、「2進数」と「ランレングス圧縮データ」と「ドット絵」を、以下の**表5-2**のように対応させます。

「0」が何もしない空白の「□」で、「1」が黒色で塗りつぶす「■」です。
「ランレングス圧縮データ」を「ドット絵」に対応させるのは、筆者が独自に決めたルールです。

[5-2] 「ランレングス圧縮」から「ドット絵」にしたサンプル

表5-2 「2進数」と「ランレングス圧縮データ」と「ドット絵」の対応表

2進数	ランレングス圧縮データ	ドット絵
0000 0000 0000 0000	z16	□□□□□□□□□□□□□□□□
0000 0000 0000 0001	z15o1	□□□□□□□□□□□□□□□■
0000 0000 0000 0010	z14o1z1	□□□□□□□□□□□□□□■□
0000 0000 0000 0100	z13o1z2	□□□□□□□□□□□□□■□□
0000 0000 0000 1000	z12o1z3	□□□□□□□□□□□□■□□□
0000 0000 0001 0000	z11o1z4	□□□□□□□□□□□■□□□□
0000 0000 0010 0000	z10o1z5	□□□□□□□□□□■□□□□□
0000 0000 0100 0000	z9o1z6	□□□□□□□□□■□□□□□□
0000 0000 1000 0000	z8o1z7	□□□□□□□□■□□□□□□□
0000 0001 0000 0000	z7o1z8	□□□□□□□■□□□□□□□□
0000 0010 0000 0000	z6o1z9	□□□□□□■□□□□□□□□□
0000 0100 0000 0000	z5o1z10	□□□□□■□□□□□□□□□□
0000 1000 0000 0000	z4o1z11	□□□□■□□□□□□□□□□□
0001 0000 0000 0000	z3o1z12	□□□■□□□□□□□□□□□□
0010 0000 0000 0000	z2o1z13	□□■□□□□□□□□□□□□□
0100 0000 0000 0000	z1o1z14	□■□□□□□□□□□□□□□□
1000 0000 0000 0000	o1z15	■□□□□□□□□□□□□□□□
1111 0000 1111 0000	o4z4o4z4	■■■■□□□□■■■■□□□□

5-2 「ランレングス圧縮」から「ドット絵」にしたサンプル

この節では、「ランレングス圧縮データ」を「2進数」に変換してから、「16x16」の「ドット絵」にしたサンプルを表わします。

この節を参考に、問題を解いていきましょう。

■ サンプル

たとえば、以下の表5-3は、「ランレングス圧縮データ」を「横16x縦16ドット」で、記号の「？」の形に似せたサンプルです。

これまで通り、すべての問題は「記号」や「文字」「図形」など、何らかの意味のある形状にしています。

第5章 「ランレングス法」で「ドット絵」を描く

表5-3 「ランレングス圧縮データ」と「2進数」と「ドット絵」のサンプル

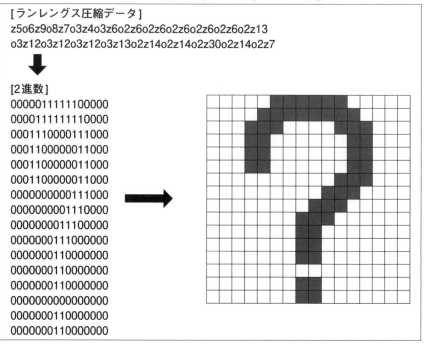

　　　　　　　　　　　　　＊

　それでは、「ランレングス圧縮データ」を「2進数」に変換して、「ドット絵」にする問題を、**20問**出題します。

　鉛筆などで塗れば、間違っても消しゴムで消せます。

　今までと違い、「ランレングス圧縮データ」のままでは複雑な文字列になっており、うまく「2進数」に変換する必要があります。

　問題の後に答も見ていくので、何問か解いていれば、「ランレングス圧縮データ」と「2進数」の関係を理解できるでしょう。

　問題となる「進数」と一緒に、対応表を入れてあります。
　対応表を見ながら、問題を解いてみてください。

　　　　　　　　　　　　　＊

[5-2] 「ランレングス圧縮」から「ドット絵」にしたサンプル

ではさっそく、「16×16」の空っぽのマス目に「ドット絵」の塗り絵をはじめましょう！

※ページの都合上、今回は設問を横に並べています。

Column 「ランレングス圧縮率」

「ランレングス圧縮」は、同じ文字がたくさん続いている場合にだけ圧縮率が高くなり、連続しない場合は逆に圧縮率が下がります。

場合によっては、圧縮しない場合より「データ・サイズ」が大きくなってしまいます。圧縮方法次第で、圧縮率が変わってくるのです。

たとえば、右図のようなチェック模様の場合。
「ランレングス圧縮」すると「o1z1o1z1・・・」と、2x16x16文字にもなります。

圧縮しなかった場合は、「ozoz・・・」と、16x16文字の半分で済みます。

逆に真っ白な場合、「ランレングス圧縮」すると「z256」と、たった4文字です。
圧縮しなかった場合は「zzzz・・・」と、16x16文字になります。

第5章 「ランレングス法」で「ドット絵」を描く

■ 問5-1,5-2 「ロケット」「UFO」

「10進数」を「2進数」に変換して「ロケット」と「UFO」を描く。

【5-1】ロケット
z7o2z13o4z11o6z10o6z9o3z2
o3z8o2z4o2z8o2z4o2z8o3
z2o3z7o10z5o1z1o8z1o1z3
o2z1o8z1o2z1o3z1o8z1o6
z1o8z1o7z1o6z1o6z3o6z3
o3z4o6z4o1

【5-2】UFO
z37o6z9o1z6o1z8o1z6o1z7
o1z8o1z6o1z8o1z6o1z8o1
z5o12z3o14z1o16z1o1z2o1z1
o1z2o1z1o1z2o1z2o1z2o1
z1o1z2o1z1o1z2o1z3o2z3
o2z3o2z34

表 「2進数」と「ランレングス圧縮データ」と「ドット絵」の対応表

2進数	ランレングス圧縮データ	ドット絵
0000 0000 0000 0000	z16	□□□□□□□□□□□□□□□□
0000 0000 0000 0001	z15o1	□□□□□□□□□□□□□□□■
0000 0000 0000 0010	z14o1z1	□□□□□□□□□□□□□□■□
0000 0000 0000 0100	z13o1z2	□□□□□□□□□□□□□■□□
0000 0000 0000 1000	z12o1z3	□□□□□□□□□□□□■□□□
0000 0000 0001 0000	z11o1z4	□□□□□□□□□□□■□□□□
0000 0000 0010 0000	z10o1z5	□□□□□□□□□□■□□□□□
0000 0000 0100 0000	z9o1z6	□□□□□□□□□■□□□□□□
0000 0000 1000 0000	z8o1z7	□□□□□□□□■□□□□□□□
0000 0001 0000 0000	z7o1z8	□□□□□□□■□□□□□□□□
0000 0010 0000 0000	z6o1z9	□□□□□□■□□□□□□□□□
0000 0100 0000 0000	z5o1z10	□□□□□■□□□□□□□□□□
0000 1000 0000 0000	z4o1z11	□□□□■□□□□□□□□□□□
0001 0000 0000 0000	z3o1z12	□□□■□□□□□□□□□□□□
0010 0000 0000 0000	z2o1z13	□□■□□□□□□□□□□□□□
0100 0000 0000 0000	z1o1z14	□■□□□□□□□□□□□□□□
1000 0000 0000 0000	o1z15	■□□□□□□□□□□□□□□□
1111 0000 1111 0000	o4z4o4z4	■■■■□□□□■■■■□□□□

[5-2] 「ランレングス圧縮」から「ドット絵」にしたサンプル

「ロケット」

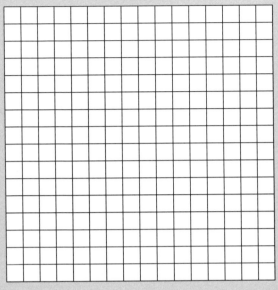

「UFO」

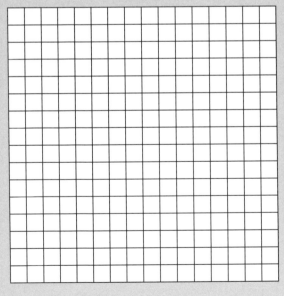

ランレングス法

第5章 「ランレングス法」で「ドット絵」を描く

　下記の表を使って、「ランレングス圧縮データ」を「2進数」に変換しています。

表 「2進数」と「ランレングス圧縮データ」と「ドット絵」の対応表

2進数	ランレングス圧縮データ	ドット絵
0000 0000 0000 0000	z16	□□□□□□□□□□□□□□□□
0000 0000 0000 0001	z15o1	□□□□□□□□□□□□□□□■
0000 0000 0000 0010	z14o1z1	□□□□□□□□□□□□□□■□
0000 0000 0000 0100	z13o1z2	□□□□□□□□□□□□□■□□
0000 0000 0000 1000	z12o1z3	□□□□□□□□□□□□■□□□
0000 0000 0001 0000	z11o1z4	□□□□□□□□□□□■□□□□
0000 0000 0010 0000	z10o1z5	□□□□□□□□□□■□□□□□
0000 0000 0100 0000	z9o1z6	□□□□□□□□□■□□□□□□
0000 0000 1000 0000	z8o1z7	□□□□□□□□■□□□□□□□
0000 0001 0000 0000	z7o1z8	□□□□□□□■□□□□□□□□
0000 0010 0000 0000	z6o1z9	□□□□□□■□□□□□□□□□
0000 0100 0000 0000	z5o1z10	□□□□□■□□□□□□□□□□
0000 1000 0000 0000	z4o1z11	□□□□■□□□□□□□□□□□
0001 0000 0000 0000	z3o1z12	□□□■□□□□□□□□□□□□
0010 0000 0000 0000	z2o1z13	□□■□□□□□□□□□□□□□
0100 0000 0000 0000	z1o1z14	□■□□□□□□□□□□□□□□
1000 0000 0000 0000	o1z15	■□□□□□□□□□□□□□□□
1111 0000 1111 0000	o4z4o4z4	■■■■□□□□■■■■□□□□

【5-2】 「ランレングス圧縮」から「ドット絵」にしたサンプル

■ 問5-1の答 「ロケット」

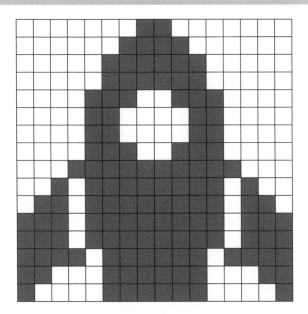

■ 問5-2の答 「UFO」

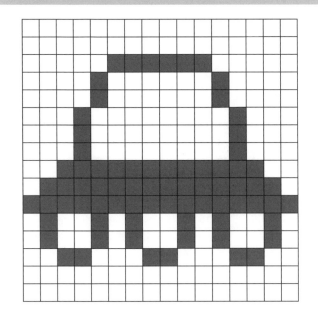

第5章 「ランレングス法」で「ドット絵」を描く

■ 問5-3, 5-4 「ホ」「鳥居」

「10進数」を「2進数」に変換して「ホ」と「鳥居」を描く。

【5-3】「ホ」
z7o2z14o2z14o2z7o32z7o2z10
o2z2o2z2o2z2o2z6o2z2o2z2o2
z5o3z2o2z2o3z3o3z3o2z3
o3z1o3z4o2z4o5z5o2z5o2
z4o2z1o2z11o5z12o4z13o2z8

【5-4】「鳥居」
o17z14o1z1o14z4o1z1o1z4o1
z1o1z4o14z2o1z12o1z2o14z4
o1z1o1z4o1z1o1z6o1z1o1
z4o1z1o1z6o1z1o1z4o1z1
o1z6o1z1o1z4o1z1o1z6o1
z1o1z4o1z1o1z6o1z1o1z4
o1z1o1z6o1z1o1z4o1z1o1
z6o1z1o1z4o1z1o1z6o3z4o3z3

表 「2進数」と「ランレングス圧縮データ」と「ドット絵」の対応表

2進数	ランレングス圧縮データ	ドット絵
0000 0000 0000 0000	z16	□□□□□□□□□□□□□□□□
0000 0000 0000 0001	z15o1	□□□□□□□□□□□□□□□■
0000 0000 0000 0010	z14o1z1	□□□□□□□□□□□□□□■□
0000 0000 0000 0100	z13o1z2	□□□□□□□□□□□□□■□□
0000 0000 0000 1000	z12o1z3	□□□□□□□□□□□□■□□□
0000 0000 0001 0000	z11o1z4	□□□□□□□□□□□■□□□□
0000 0000 0010 0000	z10o1z5	□□□□□□□□□□■□□□□□
0000 0000 0100 0000	z9o1z6	□□□□□□□□□■□□□□□□
0000 0000 1000 0000	z8o1z7	□□□□□□□□■□□□□□□□
0000 0001 0000 0000	z7o1z8	□□□□□□□■□□□□□□□□
0000 0010 0000 0000	z6o1z9	□□□□□□■□□□□□□□□□
0000 0100 0000 0000	z5o1z10	□□□□□■□□□□□□□□□□
0000 1000 0000 0000	z4o1z11	□□□□■□□□□□□□□□□□
0001 0000 0000 0000	z3o1z12	□□□■□□□□□□□□□□□□
0010 0000 0000 0000	z2o1z13	□□■□□□□□□□□□□□□□
0100 0000 0000 0000	z1o1z14	□■□□□□□□□□□□□□□□
1000 0000 0000 0000	o1z15	■□□□□□□□□□□□□□□□
1111 0000 1111 0000	o4z4o4z4	■■■■□□□□■■■■□□□□

【5-2】 「ランレングス圧縮」から「ドット絵」にしたサンプル

「ホ」

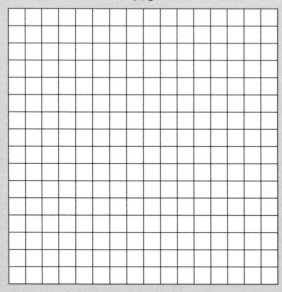

「鳥居」

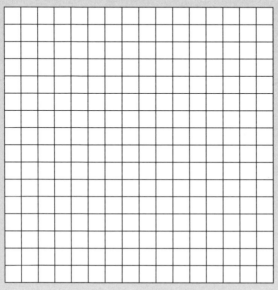

第5章 「ランレングス法」で「ドット絵」を描く

表 「2進数」と「ランレングス圧縮データ」と「ドット絵」の対応表

2進数	ランレングス圧縮データ	ドット絵
0000 0000 0000 0000	z16	□□□□□□□□□□□□□□□□
0000 0000 0000 0001	z15o1	□□□□□□□□□□□□□□□■
0000 0000 0000 0010	z14o1z1	□□□□□□□□□□□□□□■□
0000 0000 0000 0100	z13o1z2	□□□□□□□□□□□□□■□□
0000 0000 0000 1000	z12o1z3	□□□□□□□□□□□□■□□□
0000 0000 0001 0000	z11o1z4	□□□□□□□□□□□■□□□□
0000 0000 0010 0000	z10o1z5	□□□□□□□□□□■□□□□□
0000 0000 0100 0000	z9o1z6	□□□□□□□□□■□□□□□□
0000 0000 1000 0000	z8o1z7	□□□□□□□□■□□□□□□□
0000 0001 0000 0000	z7o1z8	□□□□□□□■□□□□□□□□
0000 0010 0000 0000	z6o1z9	□□□□□□■□□□□□□□□□
0000 0100 0000 0000	z5o1z10	□□□□□■□□□□□□□□□□
0000 1000 0000 0000	z4o1z11	□□□□■□□□□□□□□□□□
0001 0000 0000 0000	z3o1z12	□□□■□□□□□□□□□□□□
0010 0000 0000 0000	z2o1z13	□□■□□□□□□□□□□□□□
0100 0000 0000 0000	z1o1z14	□■□□□□□□□□□□□□□□
1000 0000 0000 0000	o1z15	■□□□□□□□□□□□□□□□
1111 0000 1111 0000	o4z4o4z4	■■■■□□□□■■■■□□□□

　上記の表を使って、「ランレングス圧縮データ」を「2進数」に変換しています。

[5-2] 「ランレングス圧縮」から「ドット絵」にしたサンプル

■ 問5-3の答　「ホ」

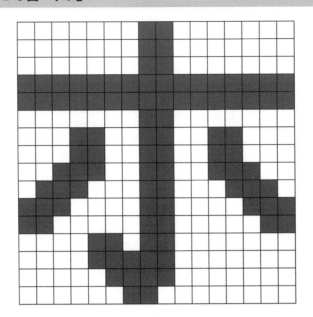

■ 問5-4の答　「鳥居」

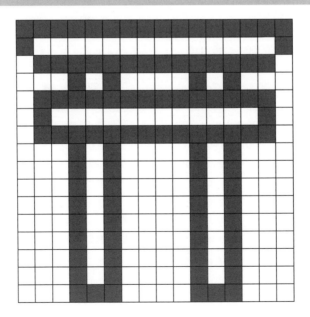

第5章 「ランレングス法」で「ドット絵」を描く

■問5-5, 5-6 「時計」「磁石」

「10進数」を「2進数」に変換して「時計」と「磁石」を描く。

【5-5】「時計」
o15z1o1z6o1z1o1z3o1
z5o1z3o1z1o1z6o1z6o1z1
o1z1o1z4o1z4o1z1o1z1o1
z6o1z6o1z1o1z6o1z6o1z1
o2z5o4z2o2z1o1z13o1z1o1
z13o1z1o1z1o1z9o1z1o1z1
o1z13o1z1o1z3o1z5o1z3o1
z1o1z6o1z6o1z1o15z17

【5-6】「磁石」
z6o4z10o8z7o10z6o10z5o5z2
o5z4o4z4o4z4o4z4o4z4o4
z4o4z4o4z4o4z4o4z4o4z4
o4z4o4z4o4z4o4z4o4z4o4
z4o1z2o1z4o1z2o1z4o1z2
o1z4o1z2o1z4o4z4o4z2

表 「2進数」と「ランレングス圧縮データ」と「ドット絵」の対応表

2進数	ランレングス圧縮データ	ドット絵
0000 0000 0000 0000	z16	□□□□□□□□□□□□□□□□
0000 0000 0000 0001	z15o1	□□□□□□□□□□□□□□□■
0000 0000 0000 0010	z14o1z1	□□□□□□□□□□□□□□■□
0000 0000 0000 0100	z13o1z2	□□□□□□□□□□□□□■□□
0000 0000 0000 1000	z12o1z3	□□□□□□□□□□□□■□□□
0000 0000 0001 0000	z11o1z4	□□□□□□□□□□□■□□□□
0000 0000 0010 0000	z10o1z5	□□□□□□□□□□■□□□□□
0000 0000 0100 0000	z9o1z6	□□□□□□□□□■□□□□□□
0000 0000 1000 0000	z8o1z7	□□□□□□□□■□□□□□□□
0000 0001 0000 0000	z7o1z8	□□□□□□□■□□□□□□□□
0000 0010 0000 0000	z6o1z9	□□□□□□■□□□□□□□□□
0000 0100 0000 0000	z5o1z10	□□□□□■□□□□□□□□□□
0000 1000 0000 0000	z4o1z11	□□□□■□□□□□□□□□□□
0001 0000 0000 0000	z3o1z12	□□□■□□□□□□□□□□□□
0010 0000 0000 0000	z2o1z13	□□■□□□□□□□□□□□□□
0100 0000 0000 0000	z1o1z14	□■□□□□□□□□□□□□□□
1000 0000 0000 0000	o1z15	■□□□□□□□□□□□□□□□
1111 0000 1111 0000	o4z4o4z4	■■■■□□□□■■■■□□□□

【5-2】「ランレングス圧縮」から「ドット絵」にしたサンプル

「時計」

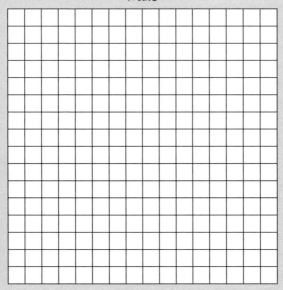

「磁石」

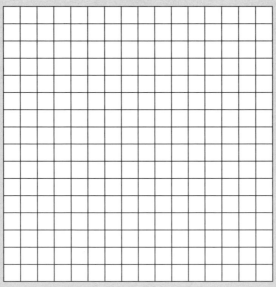

ランレングス法

第5章 「ランレングス法」で「ドット絵」を描く

表 「2進数」と「ランレングス圧縮データ」と「ドット絵」の対応表

2進数	ランレングス圧縮データ	ドット絵
0000 0000 0000 0000	z16	□□□□□□□□□□□□□□□□
0000 0000 0000 0001	z15o1	□□□□□□□□□□□□□□□■
0000 0000 0000 0010	z14o1z1	□□□□□□□□□□□□□□■□
0000 0000 0000 0100	z13o1z2	□□□□□□□□□□□□□■□□
0000 0000 0000 1000	z12o1z3	□□□□□□□□□□□□■□□□
0000 0000 0001 0000	z11o1z4	□□□□□□□□□□□■□□□□
0000 0000 0010 0000	z10o1z5	□□□□□□□□□□■□□□□□
0000 0000 0100 0000	z9o1z6	□□□□□□□□□■□□□□□□
0000 0000 1000 0000	z8o1z7	□□□□□□□□■□□□□□□□
0000 0001 0000 0000	z7o1z8	□□□□□□□■□□□□□□□□
0000 0010 0000 0000	z6o1z9	□□□□□□■□□□□□□□□□
0000 0100 0000 0000	z5o1z10	□□□□□■□□□□□□□□□□
0000 1000 0000 0000	z4o1z11	□□□□■□□□□□□□□□□□
0001 0000 0000 0000	z3o1z12	□□□■□□□□□□□□□□□□
0010 0000 0000 0000	z2o1z13	□□■□□□□□□□□□□□□□
0100 0000 0000 0000	z1o1z14	□■□□□□□□□□□□□□□□
1000 0000 0000 0000	o1z15	■□□□□□□□□□□□□□□□
1111 0000 1111 0000	o4z4o4z4	■■■■□□□□■■■■□□□□

　上記の表を使って、「ランレングス圧縮データ」を「2進数」に変換しています。

[5-2] 「ランレングス圧縮」から「ドット絵」にしたサンプル

■ 問5-5の答 「時計」

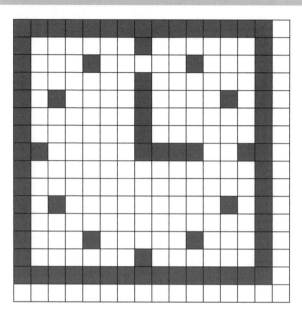

■ 問5-6の答 「磁石」

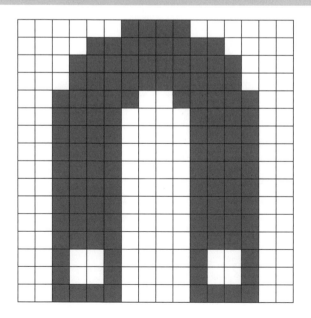

第5章 「ランレングス法」で「ドット絵」を描く

■ 問5-7, 5-8 「剣」「盾」

「10進数」を「2進数」に変換して「剣」と「盾」を描く。

【5-7】「剣」
z13o3z12o1z2o1z11o1z3o1z10
o1z3o1z10o1z3o1z10o1z3o1
z3o1z6o1z3o1z4o1z5o1z3
o1z5o2z3o1z3o1z7o2z1o1
z3o1z9o2z3o1z11o2z1o1z11
o4z11o3z1o2z9o3z3o2z9o1z5o3z6

【5-8】「盾」
z5o6z8o2z6o2z5o1z10o1z4
o1z4o2z4o1z4o1z4o2z4o1
z4o1z2o6z2o1z4o1z2o6z2
o1z4o1z4o2z4o1z5o1z3o2
z3o1z6o1z8o1z6o1z8o1z7
o1z6o1z8o1z6o1z9o1z4o1
z11o1z2o1z13o2z7

表 「2進数」と「ランレングス圧縮データ」と「ドット絵」の対応表

2進数	ランレングス圧縮データ	ドット絵
0000 0000 0000 0000	z16	□□□□□□□□□□□□□□□□
0000 0000 0000 0001	z15o1	□□□□□□□□□□□□□□□■
0000 0000 0000 0010	z14o1z1	□□□□□□□□□□□□□□■□
0000 0000 0000 0100	z13o1z2	□□□□□□□□□□□□□■□□
0000 0000 0000 1000	z12o1z3	□□□□□□□□□□□□■□□□
0000 0000 0001 0000	z11o1z4	□□□□□□□□□□□■□□□□
0000 0000 0010 0000	z10o1z5	□□□□□□□□□□■□□□□□
0000 0000 0100 0000	z9o1z6	□□□□□□□□□■□□□□□□
0000 0000 1000 0000	z8o1z7	□□□□□□□□■□□□□□□□
0000 0001 0000 0000	z7o1z8	□□□□□□□■□□□□□□□□
0000 0010 0000 0000	z6o1z9	□□□□□□■□□□□□□□□□
0000 0100 0000 0000	z5o1z10	□□□□□■□□□□□□□□□□
0000 1000 0000 0000	z4o1z11	□□□□■□□□□□□□□□□□
0001 0000 0000 0000	z3o1z12	□□□■□□□□□□□□□□□□
0010 0000 0000 0000	z2o1z13	□□■□□□□□□□□□□□□□
0100 0000 0000 0000	z1o1z14	□■□□□□□□□□□□□□□□
1000 0000 0000 0000	o1z15	■□□□□□□□□□□□□□□□
1111 0000 1111 0000	o4z4o4z4	■■■■□□□□■■■■□□□□

【5-2】　「ランレングス圧縮」から「ドット絵」にしたサンプル

「剣」

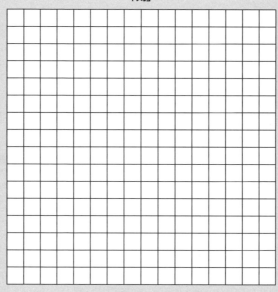

「盾」

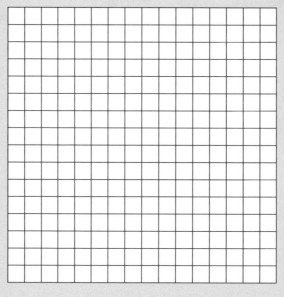

ランレングス法

第5章 「ランレングス法」で「ドット絵」を描く

表 「2進数」と「ランレングス圧縮データ」と「ドット絵」の対応表

2進数	ランレングス圧縮データ	ドット絵
0000 0000 0000 0000	z16	□□□□□□□□□□□□□□□□
0000 0000 0000 0001	z15o1	□□□□□□□□□□□□□□□■
0000 0000 0000 0010	z14o1z1	□□□□□□□□□□□□□□■□
0000 0000 0000 0100	z13o1z2	□□□□□□□□□□□□□■□□
0000 0000 0000 1000	z12o1z3	□□□□□□□□□□□□■□□□
0000 0000 0001 0000	z11o1z4	□□□□□□□□□□□■□□□□
0000 0000 0010 0000	z10o1z5	□□□□□□□□□□■□□□□□
0000 0000 0100 0000	z9o1z6	□□□□□□□□□■□□□□□□
0000 0000 1000 0000	z8o1z7	□□□□□□□□■□□□□□□□
0000 0001 0000 0000	z7o1z8	□□□□□□□■□□□□□□□□
0000 0010 0000 0000	z6o1z9	□□□□□□■□□□□□□□□□
0000 0100 0000 0000	z5o1z10	□□□□□■□□□□□□□□□□
0000 1000 0000 0000	z4o1z11	□□□□■□□□□□□□□□□□
0001 0000 0000 0000	z3o1z12	□□□■□□□□□□□□□□□□
0010 0000 0000 0000	z2o1z13	□□■□□□□□□□□□□□□□
0100 0000 0000 0000	z1o1z14	□■□□□□□□□□□□□□□□
1000 0000 0000 0000	o1z15	■□□□□□□□□□□□□□□□
1111 0000 1111 0000	o4z4o4z4	■■■■□□□□■■■■□□□□

　上記の表を使って、「ランレングス圧縮データ」を「2進数」に変換しています。

【5-2】「ランレングス圧縮」から「ドット絵」にしたサンプル

■ 問5-7の答 「剣」

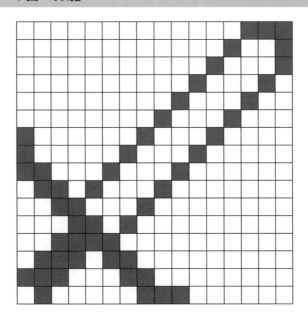

■ 問5-8の答 「盾」

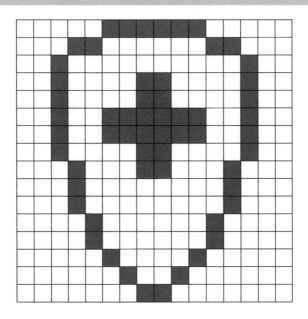

第5章 「ランレングス法」で「ドット絵」を描く

■ 問5-9,5-10 「郵便ポスト」「男女マーク」

「10進数」を「2進数」に変換して「郵便ポスト」と「男女マーク」を描く。

【5-9】「郵便ポスト」
z2o11z5o1z9o1z5o1z1o7z1
o1z5o1z2o5z2o1z5o1z9o1
z5o1z2o5z2o1z5o1z9o1z5
o1z2o5z2o1z5o1z4o1z4o1
z5o1z4o1z4o1z5o1z9o1z5
o11z9o1z1o1z13o1z1o1z13o1
z1o1z13o3z7

【5-10】「男女マーク」
z3o3z4o3z5o5z2o5z4o5z2
o5z4o5z2o5z5o3z4o3z20o7
z3o1z5o7z3o1z6o5z4o1z6
o5z3o3z6o3z4o3z6o3z4o3
z6o3z3o5z6o1z4o5z6o1z3
o7z5o1z3o7z1

表 「2進数」と「ランレングス圧縮データ」と「ドット絵」の対応表

2進数	ランレングス圧縮データ	ドット絵
0000 0000 0000 0000	z16	□□□□□□□□□□□□□□□□
0000 0000 0000 0001	z15o1	□□□□□□□□□□□□□□□■
0000 0000 0000 0010	z14o1z1	□□□□□□□□□□□□□□■□
0000 0000 0000 0100	z13o1z2	□□□□□□□□□□□□□■□□
0000 0000 0000 1000	z12o1z3	□□□□□□□□□□□□■□□□
0000 0000 0001 0000	z11o1z4	□□□□□□□□□□□■□□□□
0000 0000 0010 0000	z10o1z5	□□□□□□□□□□■□□□□□
0000 0000 0100 0000	z9o1z6	□□□□□□□□□■□□□□□□
0000 0000 1000 0000	z8o1z7	□□□□□□□□■□□□□□□□
0000 0001 0000 0000	z7o1z8	□□□□□□□■□□□□□□□□
0000 0010 0000 0000	z6o1z9	□□□□□□■□□□□□□□□□
0000 0100 0000 0000	z5o1z10	□□□□□■□□□□□□□□□□
0000 1000 0000 0000	z4o1z11	□□□□■□□□□□□□□□□□
0001 0000 0000 0000	z3o1z12	□□□■□□□□□□□□□□□□
0010 0000 0000 0000	z2o1z13	□□■□□□□□□□□□□□□□
0100 0000 0000 0000	z1o1z14	□■□□□□□□□□□□□□□□
1000 0000 0000 0000	o1z15	■□□□□□□□□□□□□□□□
1111 0000 1111 0000	o4z4o4z4	■■■■□□□□■■■■□□□□

【5-2】 「ランレングス圧縮」から「ドット絵」にしたサンプル

「郵便ポスト」

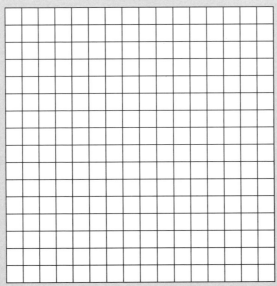

「男女マーク」

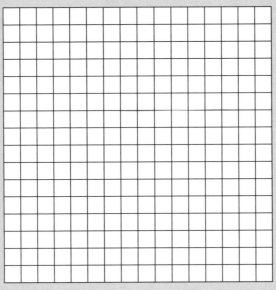

第5章 「ランレングス法」で「ドット絵」を描く

表 「2進数」と「ランレングス圧縮データ」と「ドット絵」の対応表

2進数	ランレングス圧縮データ	ドット絵
0000 0000 0000 0000	z16	□□□□□□□□□□□□□□□□
0000 0000 0000 0001	z15o1	□□□□□□□□□□□□□□□■
0000 0000 0000 0010	z14o1z1	□□□□□□□□□□□□□□■□
0000 0000 0000 0100	z13o1z2	□□□□□□□□□□□□□■□□
0000 0000 0000 1000	z12o1z3	□□□□□□□□□□□□■□□□
0000 0000 0001 0000	z11o1z4	□□□□□□□□□□□■□□□□
0000 0000 0010 0000	z10o1z5	□□□□□□□□□□■□□□□□
0000 0000 0100 0000	z9o1z6	□□□□□□□□□■□□□□□□
0000 0000 1000 0000	z8o1z7	□□□□□□□□■□□□□□□□
0000 0001 0000 0000	z7o1z8	□□□□□□□■□□□□□□□□
0000 0010 0000 0000	z6o1z9	□□□□□□■□□□□□□□□□
0000 0100 0000 0000	z5o1z10	□□□□□■□□□□□□□□□□
0000 1000 0000 0000	z4o1z11	□□□□■□□□□□□□□□□□
0001 0000 0000 0000	z3o1z12	□□□■□□□□□□□□□□□□
0010 0000 0000 0000	z2o1z13	□□■□□□□□□□□□□□□□
0100 0000 0000 0000	z1o1z14	□■□□□□□□□□□□□□□□
1000 0000 0000 0000	o1z15	■□□□□□□□□□□□□□□□
1111 0000 1111 0000	o4z4o4z4	■■■■□□□□■■■■□□□□

上記の表を使って、「ランレングス圧縮データ」を「2進数」に変換しています。

ランレングス法

[5-2] 「ランレングス圧縮」から「ドット絵」にしたサンプル

■問5-9の答 「郵便ポスト」

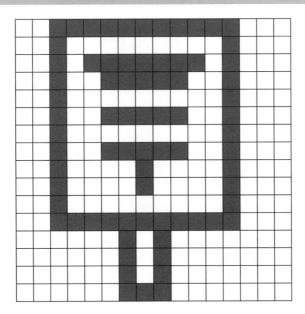

■問5-10の答 「男女マーク」

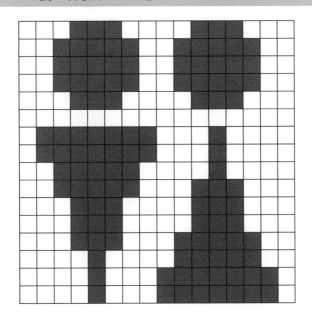

第5章 「ランレングス法」で「ドット絵」を描く

■問5-11, 5-12 「ビデオマーク」「M」

「10進数」を「2進数」に変換して「ビデオマーク」と「M」を描く。

【5-11】「ビデオマーク」
z21o2z5o2z6o4z3o4z4o6z1
o6z3o6z1o6z4o4z3o4z6o2
z5o2z18o1z3o14z2o15z1o31z1
o14z2o13z3o12z16

【5-12】「M」
z17o2z10o2z2o2z10o2z2o3z8
o3z2o4z6o4z2o5z4o5z2o2
z1o3z2o3z1o2z2o2z2o6z2
o2z2o2z3o4z3o2z2o2z4o2
z4o2z2o2z4o2z4o2z2o2z10
o2z2o2z10o2z1o4z8o8z8o4z16

表 「2進数」と「ランレングス圧縮データ」と「ドット絵」の対応表

2進数	ランレングス圧縮データ	ドット絵
0000 0000 0000 0000	z16	□□□□□□□□□□□□□□□□
0000 0000 0000 0001	z15o1	□□□□□□□□□□□□□□□■
0000 0000 0000 0010	z14o1z1	□□□□□□□□□□□□□□■□
0000 0000 0000 0100	z13o1z2	□□□□□□□□□□□□□■□□
0000 0000 0000 1000	z12o1z3	□□□□□□□□□□□□■□□□
0000 0000 0001 0000	z11o1z4	□□□□□□□□□□□■□□□□
0000 0000 0010 0000	z10o1z5	□□□□□□□□□□■□□□□□
0000 0000 0100 0000	z9o1z6	□□□□□□□□□■□□□□□□
0000 0000 1000 0000	z8o1z7	□□□□□□□□■□□□□□□□
0000 0001 0000 0000	z7o1z8	□□□□□□□■□□□□□□□□
0000 0010 0000 0000	z6o1z9	□□□□□□■□□□□□□□□□
0000 0100 0000 0000	z5o1z10	□□□□□■□□□□□□□□□□
0000 1000 0000 0000	z4o1z11	□□□□■□□□□□□□□□□□
0001 0000 0000 0000	z3o1z12	□□□■□□□□□□□□□□□□
0010 0000 0000 0000	z2o1z13	□□■□□□□□□□□□□□□□
0100 0000 0000 0000	z1o1z14	□■□□□□□□□□□□□□□□
1000 0000 0000 0000	o1z15	■□□□□□□□□□□□□□□□
1111 0000 1111 0000	o4z4o4z4	■■■■□□□□■■■■□□□□

【5-2】　「ランレングス圧縮」から「ドット絵」にしたサンプル

「ビデオマーク」

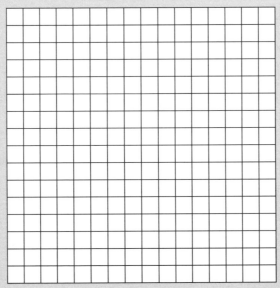

「M」

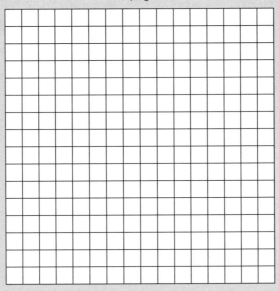

ランレングス法

第5章 「ランレングス法」で「ドット絵」を描く

表 「2進数」と「ランレングス圧縮データ」と「ドット絵」の対応表

2進数	ランレングス圧縮データ	ドット絵
0000 0000 0000 0000	z16	□□□□□□□□□□□□□□□□
0000 0000 0000 0001	z15o1	□□□□□□□□□□□□□□□■
0000 0000 0000 0010	z14o1z1	□□□□□□□□□□□□□□■□
0000 0000 0000 0100	z13o1z2	□□□□□□□□□□□□□■□□
0000 0000 0000 1000	z12o1z3	□□□□□□□□□□□□■□□□
0000 0000 0001 0000	z11o1z4	□□□□□□□□□□□■□□□□
0000 0000 0010 0000	z10o1z5	□□□□□□□□□□■□□□□□
0000 0000 0100 0000	z9o1z6	□□□□□□□□□■□□□□□□
0000 0000 1000 0000	z8o1z7	□□□□□□□□■□□□□□□□
0000 0001 0000 0000	z7o1z8	□□□□□□□■□□□□□□□□
0000 0010 0000 0000	z6o1z9	□□□□□□■□□□□□□□□□
0000 0100 0000 0000	z5o1z10	□□□□□■□□□□□□□□□□
0000 1000 0000 0000	z4o1z11	□□□□■□□□□□□□□□□□
0001 0000 0000 0000	z3o1z12	□□□■□□□□□□□□□□□□
0010 0000 0000 0000	z2o1z13	□□■□□□□□□□□□□□□□
0100 0000 0000 0000	z1o1z14	□■□□□□□□□□□□□□□□
1000 0000 0000 0000	o1z15	■□□□□□□□□□□□□□□□
1111 0000 1111 0000	o4z4o4z4	■■■■□□□□■■■■□□□□

　上記の表を使って、「ランレングス圧縮データ」を「2進数」に変換しています。

[5-2] 「ランレングス圧縮」から「ドット絵」にしたサンプル

■ 問5-11の答 「ビデオマーク」

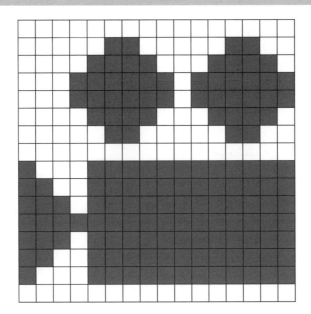

■ 問5-12の答 「M」

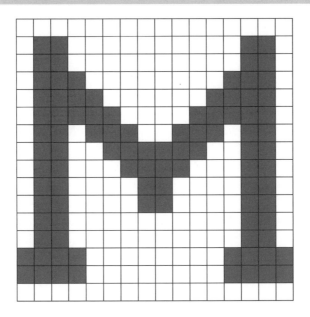

第5章 「ランレングス法」で「ドット絵」を描く

■問5-13, 5-14 「麻雀牌(中)」「7」

「10進数」を「2進数」に変換して「麻雀牌(中)」と「7」を描く。

【5-13】「麻雀牌(中)」
z1o11z4o1z11o1z3o1z5o1z5
o2z2o1z5o1z5o1z1o1z1o1
z5o1z5o1z2o2z2o7z2o1z2
o2z2o1z2o1z2o1z2o1z2o2
z2o7z2o1z2o2z5o1z5o1z2
o2z5o1z5o1z2o2z5o1z5o1
z2o2z11o1z2o1z1o12z2o1z2
o1z10o1z1o1z3o1z10o2z4o12

【5-14】「7」
z3o10z6o10z6o2z6o2z6o2z6
o2z6o2z5o2z14o2z14o2z14o2
z13o2z14o2z14o2z14o2z13o2z14
o2z14o2z14o2z6

表 「2進数」と「ランレングス圧縮データ」と「ドット絵」の対応表

2進数	ランレングス圧縮データ	ドット絵
0000 0000 0000 0000	z16	□□□□□□□□□□□□□□□□
0000 0000 0000 0001	z15o1	□□□□□□□□□□□□□□□■
0000 0000 0000 0010	z14o1z1	□□□□□□□□□□□□□□■□
0000 0000 0000 0100	z13o1z2	□□□□□□□□□□□□□■□□
0000 0000 0000 1000	z12o1z3	□□□□□□□□□□□□■□□□
0000 0000 0001 0000	z11o1z4	□□□□□□□□□□□■□□□□
0000 0000 0010 0000	z10o1z5	□□□□□□□□□□■□□□□□
0000 0000 0100 0000	z9o1z6	□□□□□□□□□■□□□□□□
0000 0000 1000 0000	z8o1z7	□□□□□□□□■□□□□□□□
0000 0001 0000 0000	z7o1z8	□□□□□□□■□□□□□□□□
0000 0010 0000 0000	z6o1z9	□□□□□□■□□□□□□□□□
0000 0100 0000 0000	z5o1z10	□□□□□■□□□□□□□□□□
0000 1000 0000 0000	z4o1z11	□□□□■□□□□□□□□□□□
0001 0000 0000 0000	z3o1z12	□□□■□□□□□□□□□□□□
0010 0000 0000 0000	z2o1z13	□□■□□□□□□□□□□□□□
0100 0000 0000 0000	z1o1z14	□■□□□□□□□□□□□□□□
1000 0000 0000 0000	o1z15	■□□□□□□□□□□□□□□□
1111 0000 1111 0000	o4z4o4z4	■■■■□□□□■■■■□□□□

【5-2】「ランレングス圧縮」から「ドット絵」にしたサンプル

「麻雀牌(中)」

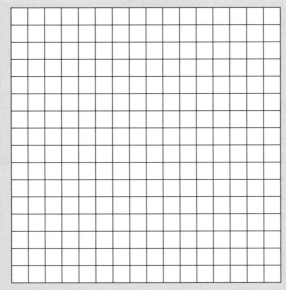

「7」

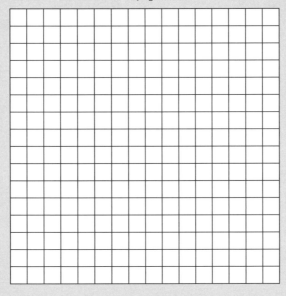

ランレングス法

第5章 「ランレングス法」で「ドット絵」を描く

表 「2進数」と「ランレングス圧縮データ」と「ドット絵」の対応表

2進数	ランレングス圧縮データ	ドット絵
0000 0000 0000 0000	z16	□□□□□□□□□□□□□□□□
0000 0000 0000 0001	z15o1	□□□□□□□□□□□□□□□■
0000 0000 0000 0010	z14o1z1	□□□□□□□□□□□□□□■□
0000 0000 0000 0100	z13o1z2	□□□□□□□□□□□□□■□□
0000 0000 0000 1000	z12o1z3	□□□□□□□□□□□□■□□□
0000 0000 0001 0000	z11o1z4	□□□□□□□□□□□■□□□□
0000 0000 0010 0000	z10o1z5	□□□□□□□□□□■□□□□□
0000 0000 0100 0000	z9o1z6	□□□□□□□□□■□□□□□□
0000 0000 1000 0000	z8o1z7	□□□□□□□□■□□□□□□□
0000 0001 0000 0000	z7o1z8	□□□□□□□■□□□□□□□□
0000 0010 0000 0000	z6o1z9	□□□□□□■□□□□□□□□□
0000 0100 0000 0000	z5o1z10	□□□□□■□□□□□□□□□□
0000 1000 0000 0000	z4o1z11	□□□□■□□□□□□□□□□□
0001 0000 0000 0000	z3o1z12	□□□■□□□□□□□□□□□□
0010 0000 0000 0000	z2o1z13	□□■□□□□□□□□□□□□□
0100 0000 0000 0000	z1o1z14	□■□□□□□□□□□□□□□□
1000 0000 0000 0000	o1z15	■□□□□□□□□□□□□□□□
1111 0000 1111 0000	o4z4o4z4	■■■■□□□□■■■■□□□□

　上記の表を使って、「ランレングス圧縮データ」を「2進数」に変換しています。

[5-2] 「ランレングス圧縮」から「ドット絵」にしたサンプル

■問5-13の答 「麻雀牌(中)」

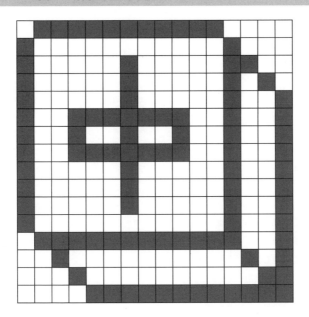

■問5-14の答 「7」

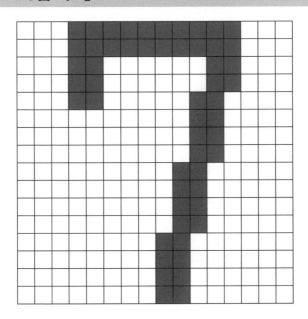

第5章 「ランレングス法」で「ドット絵」を描く

■ 問5-15, 5-16 「クローバー」「日本国旗」

「10進数」を「2進数」に変換して「クローバー」と「日本国旗」を描く。

【5-15】「クローバー」
z6o4z11o6z9o8z8o8z9o6z7
o2z2o4z2o2z3o4z2o2z2o4
z1o6z1o2z1o28z1o2z1o6z1
o4z2o2z2o4z3o2z2o4z2o2
z8o4z11o6z10o6z9o8z4

【5-16】「日本国旗」
o17z14o2z14o2z6o2z6o2z5o4
z5o2z4o6z4o2z4o6z4o2z5
o4z5o2z6o2z6o2z14o2z14o19
z14o2z14o2z14o2z14

表 「2進数」と「ランレングス圧縮データ」と「ドット絵」の対応表

2進数	ランレングス圧縮データ	ドット絵
0000 0000 0000 0000	z16	□□□□□□□□□□□□□□□□
0000 0000 0000 0001	z15o1	□□□□□□□□□□□□□□□■
0000 0000 0000 0010	z14o1z1	□□□□□□□□□□□□□□■□
0000 0000 0000 0100	z13o1z2	□□□□□□□□□□□□□■□□
0000 0000 0000 1000	z12o1z3	□□□□□□□□□□□□■□□□
0000 0000 0001 0000	z11o1z4	□□□□□□□□□□□■□□□□
0000 0000 0010 0000	z10o1z5	□□□□□□□□□□■□□□□□
0000 0000 0100 0000	z9o1z6	□□□□□□□□□■□□□□□□
0000 0000 1000 0000	z8o1z7	□□□□□□□□■□□□□□□□
0000 0001 0000 0000	z7o1z8	□□□□□□□■□□□□□□□□
0000 0010 0000 0000	z6o1z9	□□□□□□■□□□□□□□□□
0000 0100 0000 0000	z5o1z10	□□□□□■□□□□□□□□□□
0000 1000 0000 0000	z4o1z11	□□□□■□□□□□□□□□□□
0001 0000 0000 0000	z3o1z12	□□□■□□□□□□□□□□□□
0010 0000 0000 0000	z2o1z13	□□■□□□□□□□□□□□□□
0100 0000 0000 0000	z1o1z14	□■□□□□□□□□□□□□□□
1000 0000 0000 0000	o1z15	■□□□□□□□□□□□□□□□
1111 0000 1111 0000	o4z4o4z4	■■■■□□□□■■■■□□□□

【5-2】「ランレングス圧縮」から「ドット絵」にしたサンプル

「クローバー」

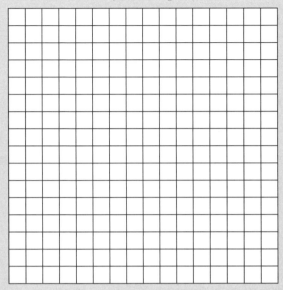

「日本国旗」

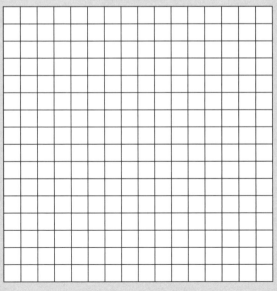

ランレングス法

第5章 「ランレングス法」で「ドット絵」を描く

表 「2進数」と「ランレングス圧縮データ」と「ドット絵」の対応表

2進数	ランレングス圧縮データ	ドット絵
0000 0000 0000 0000	z16	□□□□□□□□□□□□□□□□
0000 0000 0000 0001	z15o1	□□□□□□□□□□□□□□□■
0000 0000 0000 0010	z14o1z1	□□□□□□□□□□□□□□■□
0000 0000 0000 0100	z13o1z2	□□□□□□□□□□□□□■□□
0000 0000 0000 1000	z12o1z3	□□□□□□□□□□□□■□□□
0000 0000 0001 0000	z11o1z4	□□□□□□□□□□□■□□□□
0000 0000 0010 0000	z10o1z5	□□□□□□□□□□■□□□□□
0000 0000 0100 0000	z9o1z6	□□□□□□□□□■□□□□□□
0000 0000 1000 0000	z8o1z7	□□□□□□□□■□□□□□□□
0000 0001 0000 0000	z7o1z8	□□□□□□□■□□□□□□□□
0000 0010 0000 0000	z6o1z9	□□□□□□■□□□□□□□□□
0000 0100 0000 0000	z5o1z10	□□□□□■□□□□□□□□□□
0000 1000 0000 0000	z4o1z11	□□□□■□□□□□□□□□□□
0001 0000 0000 0000	z3o1z12	□□□■□□□□□□□□□□□□
0010 0000 0000 0000	z2o1z13	□□■□□□□□□□□□□□□□
0100 0000 0000 0000	z1o1z14	□■□□□□□□□□□□□□□□
1000 0000 0000 0000	o1z15	■□□□□□□□□□□□□□□□
1111 0000 1111 0000	o4z4o4z4	■■■■□□□□■■■■□□□□

　上記の表を使って、「ランレングス圧縮データ」を「2進数」に変換しています。

[5-2] 「ランレングス圧縮」から「ドット絵」にしたサンプル

■ 問5-15の答 「クローバー」

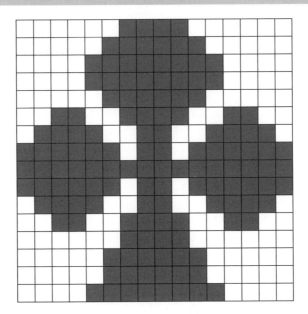

■ 問5-16の答 「日本国旗」

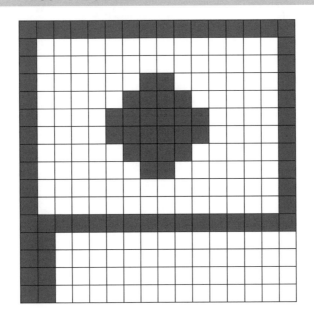

第5章　「ランレングス法」で「ドット絵」を描く

■ 問5-17,5-18　「お」「♀」

「10進数」を「2進数」に変換して「お」と「♀」を描く。

【5-17】「お」
z4o2z14o2z5o2z7o2z5o3z3
o8z3o3z2o8z4o3z4o2z8o2
z4o2z14o2z1o5z8o10z4o5z5
o3z2o5z7o6z1o2z8o4z2o2
z8o4z2o2z7o9z6o3z2o4z7o2z2

【5-18】「♀」
z5o6z9o8z7o3z4o3z6o2z6
o2z6o2z6o2z6o2z6o2z6o2
z6o2z6o3z4o3z7o8z9o6z12
o2z12o6z10o6z12o2z14o2z14o2z7

2進数	ランレングス圧縮データ	ドット絵
0000 0000 0000 0000	z16	□□□□□□□□□□□□□□□□
0000 0000 0000 0001	z15o1	□□□□□□□□□□□□□□□■
0000 0000 0000 0010	z14o1z1	□□□□□□□□□□□□□□■□
0000 0000 0000 0100	z13o1z2	□□□□□□□□□□□□□■□□
0000 0000 0000 1000	z12o1z3	□□□□□□□□□□□□■□□□
0000 0000 0001 0000	z11o1z4	□□□□□□□□□□□■□□□□
0000 0000 0010 0000	z10o1z5	□□□□□□□□□□■□□□□□
0000 0000 0100 0000	z9o1z6	□□□□□□□□□■□□□□□□
0000 0000 1000 0000	z8o1z7	□□□□□□□□■□□□□□□□
0000 0001 0000 0000	z7o1z8	□□□□□□□■□□□□□□□□
0000 0010 0000 0000	z6o1z9	□□□□□□■□□□□□□□□□
0000 0100 0000 0000	z5o1z10	□□□□□■□□□□□□□□□□
0000 1000 0000 0000	z4o1z11	□□□□■□□□□□□□□□□□
0001 0000 0000 0000	z3o1z12	□□□■□□□□□□□□□□□□
0010 0000 0000 0000	z2o1z13	□□■□□□□□□□□□□□□□
0100 0000 0000 0000	z1o1z14	□■□□□□□□□□□□□□□□
1000 0000 0000 0000	o1z15	■□□□□□□□□□□□□□□□
1111 0000 1111 0000	o4z4o4z4	■■■■□□□□■■■■□□□□

[5-2] 「ランレングス圧縮」から「ドット絵」にしたサンプル

「お」

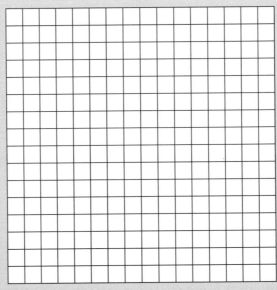

「♀」

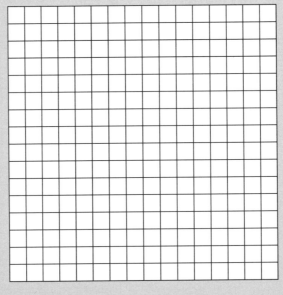

ランレングス法

第5章 「ランレングス法」で「ドット絵」を描く

表 「2進数」と「ランレングス圧縮データ」と「ドット絵」の対応表

2進数	ランレングス圧縮データ	ドット絵
0000 0000 0000 0000	z16	□□□□□□□□□□□□□□□□
0000 0000 0000 0001	z15o1	□□□□□□□□□□□□□□□■
0000 0000 0000 0010	z14o1z1	□□□□□□□□□□□□□□■□
0000 0000 0000 0100	z13o1z2	□□□□□□□□□□□□□■□□
0000 0000 0000 1000	z12o1z3	□□□□□□□□□□□□■□□□
0000 0000 0001 0000	z11o1z4	□□□□□□□□□□□■□□□□
0000 0000 0010 0000	z10o1z5	□□□□□□□□□□■□□□□□
0000 0000 0100 0000	z9o1z6	□□□□□□□□□■□□□□□□
0000 0000 1000 0000	z8o1z7	□□□□□□□□■□□□□□□□
0000 0001 0000 0000	z7o1z8	□□□□□□□■□□□□□□□□
0000 0010 0000 0000	z6o1z9	□□□□□□■□□□□□□□□□
0000 0100 0000 0000	z5o1z10	□□□□□■□□□□□□□□□□
0000 1000 0000 0000	z4o1z11	□□□□■□□□□□□□□□□□
0001 0000 0000 0000	z3o1z12	□□□■□□□□□□□□□□□□
0010 0000 0000 0000	z2o1z13	□□■□□□□□□□□□□□□□
0100 0000 0000 0000	z1o1z14	□■□□□□□□□□□□□□□□
1000 0000 0000 0000	o1z15	■□□□□□□□□□□□□□□□
1111 0000 1111 0000	o4z4o4z4	■■■■□□□□■■■■□□□□

　上記の表を使って、「ランレングス圧縮データ」を「2進数」に変換しています。

【5-2】「ランレングス圧縮」から「ドット絵」にしたサンプル

■ 問5-17の答 「お」

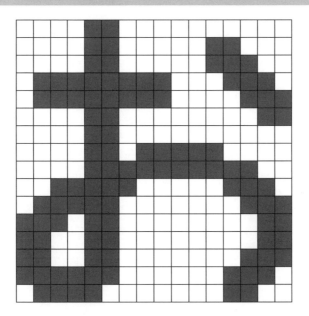

■ 問5-18の答 「♀」

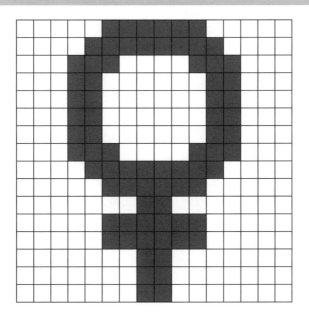

第5章 「ランレングス法」で「ドット絵」を描く

■問5-19,5-20 「♠」「12345678」

「10進数」を「2進数」に変換して「♠」と「12345678」を描く。

【5-19】「♠」 z7o2z13o4z11o6z9o8z7o10z5 o12z3o14z1o64z1o14z3o3z2o2 z2o3z8o4z11o6z9o8z4	【5-20】「12345678」 z33o1z1o3z1o3z2o2z3o1z3 o1z3o1z1o1z1o1z3o1z1o3 z1o3z1o1z1o1z3o1z1o1z5 o1z1o4z2o1z1o3z1o3z3o1 z35o3z1o1z2o3z1o3z2o1z3 o1z4o1z1o1z1o1z2o3z1o3 z2o1z1o3z4o1z1o1z1o1z2 o1z1o1z1o1z2o3z1o3z2o1 z1o3z33

表 「2進数」と「ランレングス圧縮データ」と「ドット絵」の対応表

2進数	ランレングス圧縮データ	ドット絵
0000 0000 0000 0000	z16	□□□□□□□□□□□□□□□□
0000 0000 0000 0001	z15o1	□□□□□□□□□□□□□□□■
0000 0000 0000 0010	z14o1z1	□□□□□□□□□□□□□□■□
0000 0000 0000 0100	z13o1z2	□□□□□□□□□□□□□■□□
0000 0000 0000 1000	z12o1z3	□□□□□□□□□□□□■□□□
0000 0000 0001 0000	z11o1z4	□□□□□□□□□□□■□□□□
0000 0000 0010 0000	z10o1z5	□□□□□□□□□□■□□□□□
0000 0000 0100 0000	z9o1z6	□□□□□□□□□■□□□□□□
0000 0000 1000 0000	z8o1z7	□□□□□□□□■□□□□□□□
0000 0001 0000 0000	z7o1z8	□□□□□□□■□□□□□□□□
0000 0010 0000 0000	z6o1z9	□□□□□□■□□□□□□□□□
0000 0100 0000 0000	z5o1z10	□□□□□■□□□□□□□□□□
0000 1000 0000 0000	z4o1z11	□□□□■□□□□□□□□□□□
0001 0000 0000 0000	z3o1z12	□□□■□□□□□□□□□□□□
0010 0000 0000 0000	z2o1z13	□□■□□□□□□□□□□□□□
0100 0000 0000 0000	z1o1z14	□■□□□□□□□□□□□□□□
1000 0000 0000 0000	o1z15	■□□□□□□□□□□□□□□□
1111 0000 1111 0000	o4z4o4z4	■■■■□□□□■■■■□□□□

【5-2】「ランレングス圧縮」から「ドット絵」にしたサンプル

「♠」

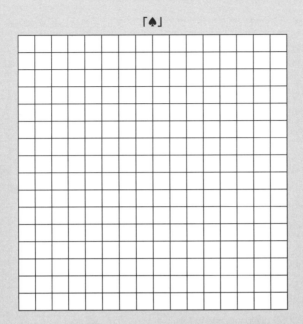

「12345678」

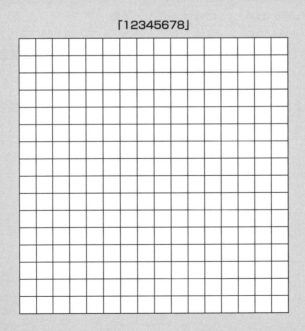

ランレングス法

第5章 「ランレングス法」で「ドット絵」を描く

表 「2進数」と「ランレングス圧縮データ」と「ドット絵」の対応表

2進数	ランレングス圧縮データ	ドット絵
0000 0000 0000 0000	z16	□□□□□□□□□□□□□□□□
0000 0000 0000 0001	z15o1	□□□□□□□□□□□□□□□■
0000 0000 0000 0010	z14o1z1	□□□□□□□□□□□□□□■□
0000 0000 0000 0100	z13o1z2	□□□□□□□□□□□□□■□□
0000 0000 0000 1000	z12o1z3	□□□□□□□□□□□□■□□□
0000 0000 0001 0000	z11o1z4	□□□□□□□□□□□■□□□□
0000 0000 0010 0000	z10o1z5	□□□□□□□□□□■□□□□□
0000 0000 0100 0000	z9o1z6	□□□□□□□□□■□□□□□□
0000 0000 1000 0000	z8o1z7	□□□□□□□□■□□□□□□□
0000 0001 0000 0000	z7o1z8	□□□□□□□■□□□□□□□□
0000 0010 0000 0000	z6o1z9	□□□□□□■□□□□□□□□□
0000 0100 0000 0000	z5o1z10	□□□□□■□□□□□□□□□□
0000 1000 0000 0000	z4o1z11	□□□□■□□□□□□□□□□□
0001 0000 0000 0000	z3o1z12	□□□■□□□□□□□□□□□□
0010 0000 0000 0000	z2o1z13	□□■□□□□□□□□□□□□□
0100 0000 0000 0000	z1o1z14	□■□□□□□□□□□□□□□□
1000 0000 0000 0000	o1z15	■□□□□□□□□□□□□□□□
1111 0000 1111 0000	o4z4o4z4	■■■■□□□□■■■■□□□□

　上記の表を使って、「ランレングス圧縮データ」を「2進数」に変換しています。

[5-2] 「ランレングス圧縮」から「ドット絵」にしたサンプル

■問5-19の答 「♠」

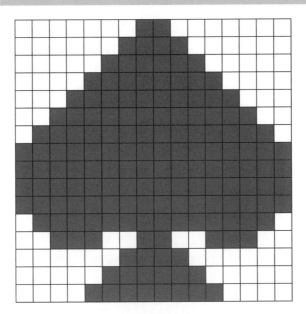

■問5-20の答 「12345678」

第5章 「ランレングス法」で「ドット絵」を描く

> **Column** 3D-CGツール「お手本モデラー」
>
> いきなり「3D-CG」をはじめるのは、とても大変です。
>
> 「3D-CG」には、形を作る「モデリング」と、動きを作る「アニメーション」、3Dデータから画像にする「レンダリング」があります。
>
> そのうち、「モデリング」するためのソフトウェアを、「モデラー」といいます。
>
> 「モデラー」の操作手順を「フキダシ」が指す部分をクリックしたりしていくだけでモデリングが上達する「お手本モデラー」をお勧めします。
>
> https://otehon.cco24.com
>
>
>
> これは、この本の筆者が開発したシェアウェアです。
>
> 試用するだけなら無料なので、ぜひ、ダウンロードしてお試しください。

索引

数字

- 10進数 …… 114
- 16進数 …… 68
- 1バイト（Byte）…… 12
- 2D …… 66
- 2DCG …… 112
- 2進数 …… 12
- 3D …… 66
- 3DCG …… 160
- 4ビット …… 12
- 8進数 …… 22

【アルファベット順】

《B》
- Blender …… 160

《C》
- color …… 71
- cssファイル …… 71

《E》
- EDGE …… 20

《M》
- MagicaVoxel …… 66

《P》
- Paint.NET …… 112

【五十音順】

《あ行》
- あ 圧縮率 …… 165
- アニメーション …… 206
- アルファベット …… 162
- え 鉛筆 …… 13
- お お手本モデラー …… 206

《か行》
- か 絵画的 …… 160

《さ行》
- し シャープペンシル …… 13

《た行》
- ち 彫刻的 …… 160
- て データ・サイズ …… 165
- と ドット …… 7
- ドット絵 …… 7

《は行》
- ひ ビット …… 7
- ビットパズル …… 7
- ふ フキダシ …… 206

《ま行》
- も 文字列 …… 164
- モデラー …… 206
- モデリング …… 206

《ら行》
- ら ランレングス圧縮データ …… 162
- ランレングス法 …… 161
- り 立体 …… 160
- れ レンダリング …… 206

■著者プロフィール

大西　武（おおにし・たけし）

1975年香川県生まれ。
大阪大学経済学部中退。
　(株)カーコンサルタント大西で監査役を務める。
主に「3D」を使ったゲームやツールを開発するクリエイター。
プログラミング入門書や一般書など、本書で19冊目の著書となる。
Microsoft「WindowsVista ソフトウェアコンテスト」で大賞や、
NTTドコモ「MEDIAS Wアプリ開発コンテスト」でグランプリなど、
コンテストに20回以上入賞。
「3Dクイズ」というオリジナルの間違い探しが、全国放送のテレビ
で10回ほど出題されている。

[主な著書]

Metal 2ではじめる3D-CGゲームプログラミング
Xamarinではじめるスマホアプリ開発
速習 Flash 3D
速習 JavaScript
ゲームSNSの作り方
Flash10 3Dゲーム制作　ほか　　　　　　　　　（工学社）

OpenGl ESを使ったAndroid 2D/3Dゲームプログラミング　（秀和システム）
3D IQ間違い探し　　　　　　　　　　　　　　　（主婦の友社）

本書の内容に関するご質問は、
①返信用の切手を同封した手紙
②往復はがき
③FAX (03)5269-6031
　（返信先のFAX番号を明記してください）
④E-mail　editors@kohgakusha.co.jp
のいずれかで、工学社編集部あてにお願いします。
なお、電話によるお問い合わせはご遠慮ください。

サポートページは下記にあります。

[工学社サイト]
http://www.kohgakusha.co.jp/

I/O BOOKS

「ビットパズル」

2019年8月25日　初版発行　©2019	著　者　　大西　武
	発行人　　星　正明
	発行所　　株式会社 工学社
	〒160-0004 東京都新宿区四谷 4-28-20 2F
	電話　　(03)5269-2041 (代) [営業]
	(03)5269-6041 (代) [編集]
※定価はカバーに表示してあります。	振替口座　00150-6-22510

印刷：シナノ印刷(株)　　　　　　　　　　　　　　ISBN978-4-7775-2085-5